CD付

やさしいスペイン語文法

大岩 功 著

Gramática española

SANSHUSHA

はじめに

「外国語を自由に操れたらどんなに楽しいだろう」と思わない人はいないでしょう。ところが，その夢を実現するのに不可欠な「文法」が好きだという人はあまりいません。「文法と聞いただけで頭痛がする」とあきらめている方も少なくないと思います。

語学に限らず，スポーツでも芸ごとでも，技能を会得するには基礎理論に沿った練習の積み重ねがどうしても必要ですが，この基礎練習というのはとかく単調でツマラナイ作業です。どうせツマラナイものなら，徹底的にムダを省き，必要以上の労力を費やさないようにするのが得策でしょう。

スペイン語の文法には効率的な学習の仕方というものがあります。動詞の活用規則ひとつ覚えるにも，自己流でやみくもに丸暗記しようとすれば必ず失敗します。非効率的な勉強法が「頭痛」の原因であることが多いのです。本書では，細則をネチネチと講釈するムダをできる限り省き，関連項目を参照しながら基礎文法の体系を容易に，かつ直感的に把握できる構成をめざしました。

本書を読み進み，何かひとつの言い方を覚えたら，小さな間違いは気にせずにさっそく会話に応用してみてください。そこで相手と気持ちが通じあったとき，自己流のブロークン会話ではけっして味わうことのできない大きな喜びを経験することでしょう。ゆたかで多様な文化に彩られた広大なスペイン語の世界が，ぐっと身近に感じられる瞬間です。

多少の困難は覚悟の上で，さあ，未知の世界への第一歩を踏み出してみましょう！

著　者

本書は『カルメン先生のスペイン語レッスン』として刊行されましたが，各国語文法の新シリーズに加わることになり，改題しCDを付けてさらに学びやすくしたものです。

もくじ

CD
トラック

イラスト：早川美智子

発　音 スペイン語のアルファベット El alfabeto と読み方

大文字	小文字	呼び名	音価
A	a	*a* ア	[a]
B	b	*be* ベ	[b]
C	c	*ce* セ	[θ/s][k]
(Ch	ch)	*che* チェ	[tʃ]
D	d	*de* デ	[d]
E	e	*e* エ	[e]
F	f	*efe* エフェ	[f]
G	g	*ge* ヘ	[g] [x]
H	h	*hache* アチェ	-
I	i	*i* イ	[i]
J	j	*jota* ホタ	[x]
K	k	*ka* カ	[k]
L	l	*ele* エレ	[l]
(Ll	ll)	*elle* エジェ	[ʎ]
M	m	*eme* エメ	[m]
N	n	*ene* エネ	[n]
Ñ	ñ	*eñe* エニェ	[ɲ]
O	o	*o* オ	[o]
P	p	*pe* ペ	[p]
Q	q	*cu* ク	[k]
R	r	*ere* エレ	[ɾ]
	(rr)	*erre* エルレ	[r]
S	s	*ese* エセ	[s]
T	t	*te* テ	[t]
U	u	*u* ウ	[u]
V	v	*ve, uve* ベ　ウーベ	[b]
W	w	*ve doble* ベ　ドブレ	[b] [w]
X	x	*equis* エキス	[ks][s]
Y	y	*i griega* イ　グリエーガ	[i] [ʝ]
Z	z	*zeta* セタ	[θ/s]

▶ スペイン語のアルファベットは，英語や日本語ローマ字で使われる26文字に ñ［エニェ］を加えた27文字で構成されている。ñ はスペイン語に特有の文字で，［ニャ］行の音を表す。

▶ ch と ll について

近年改訂された文字配列規則では ch と ll はそれぞれ C と L の項に統合されているが，伝統的な配列法では ch と ll を「1個の文字」としてあつかい，前ページの表のように ch は c の次に，ll は l の次に独立した項を持っていた。現行の西和辞典などには規則の改訂以前に刊行されたものも多く，伝統的配列法に準拠した辞書を使う場合は注意が必要だ（たとえば chino「中国人」という単語は c ではなく ch の項に載っている）。

▶ rr について

rr は「江戸っ子のべらんめえ言葉」のラ行音のように舌尖をブルブルと振動させる音（顫動音（せんどうおん））を表す。ただしスペイン語では語頭の r は必ず顫動音になるため，原則として rr が大文字で書かれることはない。

▶ 日本人には好都合！　母音は a, e, i, o, u の5個だけ

スペイン語の母音の数は，日本語の母音と同じく a, e, i, o, u の5種類。このうち u は日本語のウとは異なり，唇を小さく丸く尖らせてウと発音する。u 以外の母音は日本語のア，エ，イ，オと同じ要領でよいが，口をしっかり開閉させて明瞭な発音を心がけよう。

▶「ローマ字読み」が原則

母音字 a, e, i, o, u はそれぞれ１個の音だけを表す。つまり a はいつでも「ア」, i はいつでも「イ」... だ。英語のように a を「エイ」, u を「ユー」と発音するようなことはなく，また *apple* と *all* のように同じ a の文字が異なる音を表すこともない。原則として「書いてあっても読まない母音字」というものもない。日本語のローマ字を読むときの要領で，書いてあるとおりに**馬鹿正直に読めばよい。**

例：me［メ］　China［**チ**ーナ］　clase［ク**ラ**ーセ］　crean［ク**レ**ーアン］

▶間違いやすい子音字

「ローマ字読み」が原則とはいえ，子音字の中には日本語のローマ字とは異なる音を表すものもある。とくに注意すべき子音字を紹介しておこう。

b = v　b と v はともにバ行音［b］を表し，発音上の区別がない。

base［**バ**ーセ］基礎　vaca［**バ**ーカ］雌牛

g　ガ行音［g］および「へ」「ヒ」［x］を表す。

ga［ガ］　go［ゴ］　gu［グ］

gamba［**ガ**ンバ］芝エビ　gota［**ゴ**ータ］しずく　guante［グ**ワ**ンテ］手袋

gue［ゲ］　gui［ギ］（「グェ，グィ」とは読まない）

merengue［メ**レ**ンゲ］メレンゲ　guiso［**ギ**ーソ］シチュー

güe［グェ］，güi［グィ］（ü の文字は gue, gui の u が母音として発音されることを示す。güe, güi の綴りでのみ使用される）

bilingüe［ビ**リ**ングェ］バイリンガル　güiro［グ**イ**ーロ］ひょうたん

g の直後に子音があるときは［g］の音。

geografía［ヘオグラ**フィ**ーア］地理学　enigma［エ**ニ**グマ］謎

ge［ヘ］　gi［ヒ］（「ゲ，ギ」「ジェ，ジ」とは読まない）

gesto［**ヘ**スト］表情　girasol［ヒラ**ソ**ール］ひまわり

※「ガギグゲゴ」をスペイン語式に書くと ga, gui, gu, gue, go となる。

q　que［ケ］，qui［キ］（「クエ，クィ」とは読まない）

q は原則として **-que-, -qui-** 以外の形では現れない。

queso［**ケ**ーソ］チーズ　　quiosco［キ**オ**スコ］キオスク，売店

※「カキクケコ」をスペイン語式に書くと ca, qui, cu, que, co となる。

k は外来語の表記のみに用いる。例：kimono［キ**モ**ーノ］着物

h　サイレント（無音）文字。書いてあっても読まない。

humo［**ウ**ーモ］煙　　hambre［**ア**ンブレ］空腹

j　喉の奥から強く息を出す「ハ，ヒ，フ，へ，ホ」（[**x**]）の音を表す。

Japón［ハ**ポ**ーン］日本　　joven［**ホ**ーベン］若い

ju［xu］は喉の奥から強く息を出す「ホ」に近い音だ。日本語式の「フ」にならないように気をつけよう。

junio［**ホ**ーニオ］6月　　Juan［ホ**ワ**ン］男子の名

※je［へ］と ge［へ］，ji［ヒ］と gi［ヒ］は同じ音を表す。

l　英語の l と同じ要領で，上前歯の根元に舌尖を強く押しつけ，ゆっくり離しながら発音する。日本語にはない音なので注意しよう。

lago［**ラ**ーゴ］湖　　total［ト**タ**ール］全体

ll　本来は英語の *million* の -li- に似た「リャ，リュ，リョ」の音だが，「ジャ，ジュ，ジョ」のような音で発音する人も多い。本書のフリガナでは

「ジャ，ジュ，ジョ」で表す。

llover［ジョ**ベ**ール］雨が降る　paella［パ**エ**ージャ］パエリア（料理の名）

r　英語のrのようなバタ臭い音ではなく，日本語の「ラリルレロ」とまったく同じ音。外国語音であることを意識しないほうがよい。語尾にあるrもはっきりと発音される。

toro［**ト**ーロ］雄牛　pero［ペロ］しかし（接続詞）
ir［**イ**ル］行く　bar［**バ**ル］バー

rが語頭にあるときと，語中でrrと綴られたとき，そしてl, n, sの直後では，「江戸っ子のべらんめえ言葉」のように舌尖を振動させる音（顫動音）になる。本書のカタカナでは「ルラ，ルリ…」と表す。

rama［**ルラ**ーマ］枝　perro［**ペ**ルロ］犬
alrededor［アルルレデ**ド**ール］周囲に　sonrisa［ソン**ルリ**ーサ］微笑
Israel［イスルラ**エ**ール］イスラエル

lとrとrrは明確に区別される。

pelo［**ペ**ーロ］髪の毛　pero［ペロ］しかし　perro［**ペ**ルロ］犬

ñ　「ニャ，ニ，ニュ，ニェ，ニョ」の音を表す。

muñeca［ム**ニェ**ーカ］人形　España［エス**パ**ーニャ］スペイン

w　外来語の表記のみに用いられる。

x　英語と同様「クス」［ks］の音を表すが，「グズ」［gz］と濁ることはない。子音の直前では［k］が消えて［s］のみの音になることが多い。

exacto［エク**サ**クト］正確な　explicar［エスプリ**カ**ール］説明する

※伝統的表記などではxがハ行音やサ行音を表すことがある。

México［**メ**ーヒコ］メキシコ（国名）
xilófono［スィ**ロ**ーフォノ］木琴

y　本来はヤ行音［j］を表すが，llと同様「ジャ，ジュ，ジョ」と発音されることも多い。単独のyと語尾のyは「イ」の音。

yo［ジョ］私　　ayuda［アジューダ］援助
y［イ］そして　　soy［ソイ］私は～です

z と c　zは大まかに言ってスペインでは一般に［θ］（英語*think*の*th*）音に，ラテンアメリカではs［s］音になる。英語のzのように濁る「ザ，ズ…」音にはならない。

paz［パス］平和　　zona［ソーナ］地域

ceとze，ziとciは同じ音を表す。

cena［セーナ］夕食　　círculo［スィールクロ］円形

※ci, zi（[θi] または [si] 音）が日本語の「シ」音にならないように注意。

cの直後に母音 a, u, o または子音が続くときは［k］音を表す。

cama［カーマ］ベッド　　creer［クレエール］考える
acción［アクスィオーン］行動

スペイン語らしく発音する秘訣①
二重母音と三重母音

強母音と弱母音

５種類の母音のうち **a, e, o** を**強母音**，**i, u** を**弱母音**という。語中で強母音と弱母音が隣接したときは，原則として強母音のほうが強く発音される。

二重母音と三重母音

［弱母音］＋［他の１個または２個の母音］の組み合わせは**二重母音**，**三重母音**と呼ばれる。二重母音と三重母音は，綴り字は２文字，３文字だが１個の母音としてあつかわれ，個々の母音に分解せずに一気に発音される。たとえば io なら［イオ］ではなく［ヨ］のような音になる。とくに二重母音はよく出てくるので，その特徴をしっかり把握しておくことが大切だ。

Track 3

尻上がり型（後ろの母音を強く発音する）

（弱母音＋強母音）

ia	イア（ヤ）	conf**ia**nza	信頼
ie	イエ	t**ie**nda	店
io	イオ（ヨ）	id**io**ma	言語
ua	ウア（ワ）	c**ua**dro	絵
ue	ウエ	s**ue**rte	運
uo	ウオ（ヲ）	c**uo**ta	料金，分割払い

（弱母音＋弱母音）

iu	イウ（ユ）	tr**iu**nfo	勝利
ui	ウイ	b**ui**tre	禿鷹

尻下がり型（前の母音を強く発音する）

（強母音＋弱母音）

ai	アイ	**Jai**me	ハイメ（男子の名）
ay		h**ay**	～がある
ei	エイ	r**ei**na	女王
ey		r**ey**	王
oi	オイ	**oi**go	（私は）聞く
oy		h**oy**	今日
au	アウ	fl**au**ta	フルート
eu	エウ	**eu**ro	ユーロ

三重母音

iai	イァイ（ヤイ）	**uay**	ウァイ（ワイ）	**uey**	ウェイ
iei	イエイ	**uai**		**uei**	

弱母音どうしの二重母音iuとuiは「尻上がり型」になるのね。

強母音どうしが隣接しても二重母音，三重母音にはならないよ。

スペイン語らしく発音する秘訣②
アクセントはスペイン語の命

アクセントって何？

アクセントとは語中の**特定の音節を強く発音すること**を言い，その音節の母音は**音程が高く，多少長め**になる。アクセントはスペイン語の命と言えるほど大切なものだ。たとえばBarcelonaなら「バルセロナ」ではなく「バルセ**ロ**ーナ」という感じに発音すれば，LとRの区別なんかあやしくても一発で通じる。本書のフリガナではアクセントの置かれる音節を**太字**で示し，適宜，長音記号「ー」や，つまる音「ッ」を添えてある。

アクセントの３原則

スペイン語では単語の綴りとアクセント位置の関係に精密な規則があるので，英語のように単語ごとのアクセント位置をいちいち覚える必要がない。アクセントの規則は以下の３項目に集約される。

1 母音またはn, sで終わる単語は，後ろから２番目の母音にアクセントがある。

Barcel**o**na　バルセーロナ（地名）
バルセ**ロ**ーナ

Car**a**cas　カラカス（地名）
カ**ラ**ーカス

j**o**ven　若い
ホーベン

2 n, s以外の子音で終わる単語は，最後の母音にアクセントがある。（yも子音に含まれる）

ment**a**l　精神的な
メン**タ**ール

ust**e**d　あなたは（代名詞）
ウス**テ**ッ

fel**i**z　幸福な
フェ**リ**ース

est**o**y　私は～いる
エス**ト**ーイ

3 1, 2に当てはまらない位置にアクセントがあるときは，その母音にアクセント符号［ ´ ］をつける。

música **ム**ースィカ	音楽	avi**ó**n アビ**オ**ーン	飛行機
lápiz **ラ**ーピス	鉛筆	**lí**mite **リ**ーミテ	限界

i + ´ ⇨ í

（ɨ́ はダメ）

※［´］**は飾りじゃない**　アクセント符号［´］はつづり字の一部。必要な箇所にアクセント符号がないのはつづりのミスだ。ただし活字出版物や看板，ロゴタイプなどでは大文字のアクセント符号の省略が認められている。
（例 ángel「天使」/ Los Angeles［地名］）。

アクセントと二重母音の密な関係

二重母音を含む綴りでは，アクセントの位置を特定するときに注意が必要だ。

二重母音を含む単語のアクセント位置（太字の母音にアクセントがある）

母音で終わっているpeineでは，後ろから２番目の母音ei（二重母音は１個の母音とみなす）にアクセントが置かれるが，そのうちの強母音であるeが強く発音される。sabioでは二重母音ioが１個の母音とみなされ，アクセントの置かれる後ろから２番目の母音はaとなる。

Track 6

第1課 オトコとオンナの話

名詞と冠詞の巻

オトコの名詞とオンナの名詞

スペイン語の名詞には文法上の性別がある。**男性名詞**と**女性名詞**というやつだ。

男性名詞		女性名詞	
un hombre (ウン オンブレ)	男・人間	una mujer (ウナ ムヘール)	女・妻
un chico (ウン チーコ)	少年	una chica (ウナ チーカ)	少女
un gato (ウン ガート)	猫（オス）	una gata (ウナ ガータ)	猫（メス）
un disco (ウン ディスコ)	レコード，ＣＤ	una cinta (ウナ スィンタ)	テープ

人間の「男・女」や生物の「オス・メス」は，文法上の性にそのまま反映される。

ただし一般に「人は」とか「猫は」というときは男性名詞で代表させる。

無生物の名詞にも男性と女性の区別がある。多くの場合，**最後の母音が -o なら男性名詞，-a なら女性名詞**と思ってよい。

ただし例外もある！

末尾が -o なのに女性名詞	**mano** 手 マーノ	**foto** 写真 フォート
末尾が -a なのに男性名詞	**mapa** 地図 マーパ	**día** 日 など ディーア

-o・-a 以外の母音や，子音で終わる名詞は，男性・女性の見当をつけるのがむずかしい。

男性	**café** カフェー	コーヒー，喫茶店	**árbol** アールボル	木
女性	**leche** レーチェ	牛乳	**flor** フロール	花

café, árbol は男性，
leche, flor は女性。
この種の名詞の性は，ひとつずつコツコツと覚えようネ。

■ 男女同形の名詞は，冠詞 (→ 19, 20 ページ) で男女を区別する。

estudiante 学生 エストゥディアンテ	→	**un estudiante** ウン エストゥディアンテ	男子学生
		una estudiante ウナ エストゥディアンテ	女子学生
pianista ピアニスト ピアニスタ	→	**un pianista** ウン ピアニスタ	男のピアニスト
		una pianista ウナ ピアニスタ	女のピアニスト

■ 語尾の違いで男女を区別する名詞もある。

alumno アルームノ	男子生徒	alumna アルームナ	女子生徒
profesor プロフェソール	男の先生・教授	profesora プロフェソーラ	女の先生・教授
doctor ドクトール	男の医者・博士	doctora ドクトーラ	女の医者・博士
actor アクトール	俳優	actriz アクトゥリース	女優

■ 次のような語尾を持つ名詞のほとんどは女性名詞。

-ud, -dad

virtud 美徳 ビルトゥッ　　ciudad 都市・町 スィウダッ　　universidad 大学 ウニベルスィダッ

-ción, -sión

estación 駅・季節 エスタスィオーン　　impresión 印象 インプレスィオーン

語末のdはあまり強く発音されず，聞き取れないぐらい小さな音になるのがふつう。

冠詞にも男性用と女性用がある

不定冠詞

「ひとつの」とか「或(あ)る」という意味の不定冠詞（英語の *a; an*）にも男性形 un [ウン] と女性形 una [ウナ] がある。それぞれに複数形 unos [ウノス]，unas [ウナス] もあって，こちらは「いくつかの」という意味になる。

名詞の複数形は，原則として単数形の末尾が母音なら -s を，末尾が子音なら -es をつければＯＫ。ただし語末が z の場合は z を c に変えて -es をつける。　例：lápiz → lápices（鉛筆）

	単　数			複　数	
男	**un** auto ウン　アウト	一台の自動車	男	**unos** autos ウノス　アウトス	数台の自動車
性	**un** árbol ウン　アールボル	一本の木	性	**unos** árboles ウノス　アールボレス	数本の木
女	**una** carta ウナ　カルタ	一通の手紙	女	**unas** cartas ウナス　カルタス	数通の手紙
性	**una** flor ウナ　フロール	一つの花	性	**unas** flores ウナス　フローレス	いくつかの花

定冠詞

英語の *the* にあたる定冠詞にも男性形と女性形があり，それぞれに単数形と複数形がある。

	単数		複数	
男性	**el** perro エル ペルロ	（その）犬	**los** perros ロス ペルロス	（それらの）犬
女性	**la** casa ラ　カーサ	（その）家	**las** casas ラス　カーサス	（それらの）家

冠詞の役割は英語とほとんど同じ

不定冠詞をつけて un perro [ウン　ペルロ] という場合は不特定の「ある一匹の犬が…」という意味で，その「犬」が初めて話題に登場するときの言い方だ。一方，定冠詞がついた el perro [エル　ペルロ] は，すでに話題に出た「(ほかでもない) その犬は…」という意味になる。
また，el perro [エル　ペルロ] には「犬というものは…」と犬一般を示す意味もあるが，こちらは**総称の定冠詞**と呼ばれる用い方だ。

練習 1

男性と女性，単数と複数の違いに注意して，それぞれの単語に不定冠詞と定冠詞をつけてみよう。辞書を引いて意味を調べておこう。

	不定冠詞	定冠詞		
1.	( )	( )	pájaro	パッハロ
2.	( )	( )	libros	リブロス
3.	( )	( )	manos	マーノス
4.	( )	( )	hermano	エルマーノ
5.	( )	( )	amigos	アミーゴス
6.	( )	( )	cinta	スィンタ
7.	( )	( )	naranja	ナランハ
8.	( )	( )	vacas	バーカス
9.	( )	( )	ciudad	スィウダッ
10.	( )	( )	coches	コーチェス
11.	( )	( )	problemas	プロブレーマス
12.	( )	( )	amiga	アミーガ

ヒント

原則として語末の母音が -a なら女性名詞，-o なら男性名詞と考えてよい。
ただし mano [マーノ]（女性名詞）や problema [プロブレーマ]（男性名詞）などの例外もあるので注意。
coche [コーチェ] や leche [レーチェ] など -a, -o 以外の母音や，子音で終わっているものは，語末の形から男性・女性の見当がつかない。

第2課 ワタシとアナタと『be動詞』

主格人称代名詞と ser, estar

「私は…」「あなたは…」

「私は…」「あなたは…」など，主語となる人を示す代名詞を見てみよう。英語の *I, you, he* などにあたる言葉だ。

	単数			複数		
1人称	私	*I*	**yo** ジョ	私たち	*we*	**nosotros**（男性形） ノソートロス **nosotras**（女性形） ノソートラス
2人称	きみ	*you*	**tú** トゥ	きみたち	*you*	**vosotros**（男性形） ボソートロス **vosotras**（女性形） ボソートラス
3人称	あなた	*you*	**usted** ウステッ (Ud./Vd.)	あなたがた	*you*	**ustedes** ウステーデス (Uds./Vds.)
	彼	*he*	**él** エル	彼ら	*they*	**ellos** エージョス
	彼女	*she*	**ella** エージャ	彼女ら	*they*	**ellas** エージャス

「きみ・おまえ」は2人称，「あなた」は3人称

英語では相手を示す言葉は *you* しかないが，スペイン語では相手との心理的な距離の違いによって **tú** [トゥ]「きみ・おまえ」と **usted** [ウステッ]「あなた」を使い分ける。**tú** は家族や友人，恋人などの親しい間柄で使い，**usted** は初対面の相手などに対して使う。複数の **vosotros** [ボソートロス] / **vosotras** [ボソートラス]「きみたち・おまえたち」と **ustedes** [ウステーデス]「あなたがた」の使い分けも同様だ。

usted / ustedes は，意味上は2人称だが，文法的には3人称として扱われる（usted / ustedes は Ud. / Uds.，Vd. / Vds. と略記されることが多い）。次項で見るように，主語が **tú** の場合と **usted** の場合とでは，動詞も違う活用形になるので注意が必要だ。

nosotros [ノソートロス]「私たち」と vosotros [ボソートロス]「きみたち」には女性形の nosotras [ノソートラス] と vosotras [ボソートラス] がある。ただし男女が混在する集団を指す場合は，男性形を用いることになっている。このきまりは ellos [エージョス]「彼ら」と ellas [エージャス]「彼女ら」にも同じようにあてはまる。こういう点ではスペイン語は男性優位の言語だ。
実をいうと，広大なスペイン語圏の中でも vosotros / vosotras の主語を用いるのはスペインだけに限られている。ラテンアメリカでは一般に vosotros / vosotras は使われず，**ustedes** [ウステーデス] **が「きみたち」と「あなたがた」の両方の意味を受け持っているのだ。**

スペイン語の“be 動詞”

英語の *be* 動詞にあたるものがスペイン語には2つある。ser [セル]「…です」と estar [エスタール]「…いる」という動詞だ。くわしいことは後で説明するとして，まずは現在形の活用を見てみよう。

動詞 ser [セル]「…です」の現在形

	単数		複数		
1人称	私は…です	yo ジョ **soy** ソイ	私たちは…です	nosotros ノソートロス nosotras ノソートラス	**somos** ソモス
2人称	きみは…です	tú トゥ **eres** エレス	きみたちは…です	vosotros ボソートロス vosotras ボソートラス	**sois** ソイス
3人称	あなたは…です	Ud. ウステッ	あなた方は…です	Uds. ウステーデス	
	彼は…です	él エル **es** エス	彼らは…です	ellos エージョス	**son** ソン
	彼女は…です	ella エージャ	彼女らは…です	ellas エージャス	

動詞estar「…いる・ある」の現在形

	単数		複数		
1人称	私は…いる	yo **estoy** ジョ エストイ	私たちは…いる	nosotros ノソートロス nosotras ノソートラス	**estamos** エスターモス
2人称	きみは…いる	tú **estás** トゥ エスタース	きみたちは…いる	vosotros ボソートロス vosotras ボソートラス	**estáis** エスターイス
3人称	あなたは…いる 彼は…いる 彼女は…いる	Ud. ウステッ él **está** エル エスター ella エージャ	あなた方は…いる 彼らは…いる 彼女らは…いる	Uds. ウステーデス ellos エージョス ellas エージャス	**están** エスターン

ser［セル］は「…です」という意味で，国籍，身分，職業など**主語の永続的・本来的な性質**をいうときに使う動詞だ。これに対してestar［エスタール］「…いる，ある」は，**主語の一時的な状態や所在**をいうときに使う。例をいくつか見てみよう。

Yo soy japonés.
ジョ ソイ ハポネース

ぼくは日本人だ。（soy→ser永続的な性質）

Yo estoy en Japón.
ジョ エストイ エン ハポーン

ぼくは日本にいる。（estoy→estar所在）

Los niños son alegres.
ロス ニーニョス ソン アレグレス

その子供たちは陽気（な性格）だ。（son→ser永続的な性質）

Los niños están alegres.
ロス ニーニョス エスターン アレグレス

その子供たちははしゃいでいる。（están→estar一時的な状態）

練習 2

1 (　　) の中に ser の正しい活用形を入れて文を完成させよう。

1. Tú (　　　) estudiante.
2. Nosotros (　　　) profesores.
3. Uds. (　　　) médicos.
4. Yo (　　　) japonesa.
5. Ellos (　　　) abogados.
6. Vosotros (　　　) mexicanos.
7. Isabel (　　　) pianista.
8. Ud. (　　　) cocinero.

※動詞 ser を用いて単に職業・身分・国籍などを言う場合，スペイン語では不定冠詞は不要。

2 (　　) の中に estar の正しい活用形を入れて文を完成させよう。

1. Él (　　　) en Madrid.
2. Yo (　　　) enfadado.
3. Vosotras (　　　) cansadas.
4. Ud. (　　　) en casa.
5. Los Ángeles (　　　) en California.
6. Nosotros (　　　) contentos.

※ 2.enfadado, 3.cansadas, 6.contentos は形容詞で，主語の性・数に合わせてそれぞれに形を変化させている (→第３課)

Track 8

第3課 続・オトコとオンナの話

形容詞の巻

形容詞にも性別があり，単数形と複数形がある！

スペイン語では形容詞にも単数形と複数形があり，その多くが男性形と女性形を持っている。形容詞が名詞を修飾するときは，形容詞は名詞の性と数に一致した形に変化する。

原則として形容詞は名詞の後に置かれる

niño bonito かわいい男の子（男性・単数）
ニーニョ ボニート
（niño 名詞「子ども」，bonito 形容詞「かわいい」）

niños bonitos かわいい男の子たち（男性・複数）
ニーニョス ボニートス

niña bonita かわいい女の子（女性・単数）
ニーニャ ボニータ

niñas bonitas かわいい女の子たち（女性・複数）
ニーニャス ボニータス

注：男性複数名詞の niños には男女両方を指す「子供たち」の意味もある。

名詞の男性／女性と同様，形容詞の語尾も男性形は **-o**, 女性形は **-a** となる。辞書や文法表などでは，男性単数形が他の変化形を代表する見出し語となる。

性変化しない形容詞もあるが，数の変化をすることに注意しよう。下の例では，**edificio** [エディ**フィ**スィオ]「建物」は男性名詞，**casa** [**カ**ーサ]「家」は女性名詞だが，どちらを修飾する場合も形容詞**grande** [グ**ラ**ンデ]「大きな」は性の変化をせず，単数・複数の変化だけをする。

edificio grande　　大きな建物（単数）
エディ**フィ**スィオ　グ**ラ**ンデ

edificio**s** grande**s**　　大きな建物（複数）
エディ**フィ**スィオス　グ**ラ**ンデス

casa grande　　大きな家（単数）
カーサ　グ**ラ**ンデス

casa**s** grande**s**　　大きな家（複数）
カーサス　グ**ラ**ンデス

形容詞が動詞**ser**や**estar**（→第２課）を介して主語を修飾するときも，主語の性と数に形を合わせる。

El edificio es hermoso.　　その建物は美しい。（男性・単数）
エル エディ**フィ**スィオ　**エ**ス　エル**モ**ーソ

Los edificios son hermosos.　　それらの建物は美しい。（男性・複数）
ロス　エディ**フィ**スィオス　**ソ**ン　エル**モ**ーソス

La casa es hermosa.　　その家は美しい。（女性・単数）
ラ　**カ**ーサ　**エ**ス　エル**モ**ーサ

Las casas son hermosas.　　それらの家は美しい。（女性・複数）
ラス　**カ**ーサス　**ソ**ン　エル**モ**ーサス

Él está cansado.　　彼は疲れている。（男性・単数）
エル エス**タ**ー カン**サ**ード

Ellos están cansados.　　彼らは疲れている。（男性・複数）
エージョス エス**タ**ーン カン**サ**ードス

Ella está cansada.　　彼女は疲れている。（女性・単数）
エージャ エス**タ**ー カン**サ**ーダ

Ellas están cansadas.　　彼女たちは疲れている。（女性・複数）
エージャス エス**タ**ーン カン**サ**ーダス

名詞の前に形容詞が置かれるとき

次のような形容詞は，名詞の前に置かれることが多い。

buena noticia　良いニュース（bueno：良い）
ブエナ　ノティスィア　ブエノ

mala acción　悪い行い（malo：悪い）
マーラ　アクスィオーン　マーロ

muchos libros　たくさんの本（mucho：多くの）
ムーチョス　リブロス　ムーチョ

bueno [ブエノ]，malo [マーロ] などは男性単数名詞の前に置かれると語尾の母音が消える。

buen tiempo / mal tiempo　良い天気／悪い天気
ブエン　ティエンポ　マル　ティエンポ

grande [グランデ]「大きい」は単数名詞（男性・女性とも）の前に置かれると語尾 -de が消える。

gran éxito　大成功（grande éxitoは誤り）
グラン　エークスィト

一般に，意味を強調するときに形容詞を名詞の前に置くことが多い。

edificio grande　大きな建物（edificio 建物，ビルディング）
エディフィスィオ　グランデ

gran edificio　大建築
グラン　エディフィスィオ

練習3

修飾される名詞の性・数に注意して，形容詞を正しい形に変えてみよう。

例：casa [blanco] (*blanca*)「白い家」

casas [bonito] (　　　　　)　「すてきな家」

edificios [alto] (　　　　　)　「高いビル」

chicas [amable] (　　　　　)　「優しい娘」

[grande] (　　　　　) ciudad　「大都会」

[bueno] (　　　　　) hombre　「良い男」

Los niños son [bonito] (　　　　　).

子供たちはかわいい。

En Argentina la carne es [barato] (　　　　　).

アルゼンチンでは肉が安い。

Las joyas son [caro] (　　　　　).

宝石は高価だ。

Las estudiantes están [contento] (　　　　　).

女学生たちは満足している。

Nosotros estamos [cansado] (　　　　　)

私たちは疲れている。

曜日の名前

Track 9

曜日の名前はすべて男性名詞として扱われる。語末が-sのものは単複同形で，土曜と日曜だけは-sをつけて複数形を作る。水曜el miércolesと土曜el sábadoは変則アクセントなので発音に注意しよう。

日曜日	el domingo エル　ドミンゴ	月曜日	el lunes エル　ルーネス	火曜日	el martes エル　マルテス
水曜日	el miércoles エル　ミエルコレス	木曜日	el jueves エル　フエベス	金曜日	el viernes エル　ビエルネス
土曜日	el sábado エル　サーバド			週	la semana ラ　セマーナ

Track 10

第4課 話にゃ順序ってものがある

語順の話・平叙文，疑問文，否定文

原則的な語順

平叙文の語順は原則として［**主語＋述語動詞**］，疑問文は順序を逆にして［**述語動詞＋主語**］となる。スペイン語の疑問文は文の前後を **¿..........?** で囲むが，これは他の言語にない特徴だ。

動詞　主語
¿Es usted japonesa?　あなたは日本人（女性）ですか？
エス ウステッ ハポネーサ

主語　動詞
Sí, yo soy japonesa.　はい，私は日本人です。
スィ ジョ ソイ ハポネーサ

動詞　主語
¿Qué compras tú?　きみは何を買うの？
ケ コンプラス トゥ

主語　動詞
Yo compro un libro.　ぼくは本を一冊買う。
ジョ コンプロ ウン リブロ

動詞　主語
¿De dónde eres tú?　きみはどこの出身ですか？
デ ドンデ エレス トゥ

主語 動詞
Yo soy de Uruguay.　私はウルグアイ出身です。
ジョ ソイ デ ウルグワーイ

注：疑問詞のない疑問文は文末を上げて発音する。疑問詞のある疑問文は原則として文末を上げないが，実際の会話では文末を上げる語調もよく聞かれる。
qué 疑問詞「何」（英 *what*）。tú compras「きみは買う」；yo compro「私は買う」（←comprar「買う」の活用形）
de dónde ＝前置詞 de（英 *from, of*）＋ dónde 疑問詞「どこ」（英 *where*）。スペイン語では前置詞つきの疑問詞が多用される。soy de ～（← ser de ~）「～出身の，～からの」

主語の省略

スペイン語では動詞の活用形や文脈から主語が明らかなときは**しばしば主語が省略される**（→ 41 ページ「主語の省略に慣れよう」参照）。主語が省略されて「平叙文」

と「疑問詞のない疑問文」の語順の違いがなくなると，平叙文と疑問文とを区別する決めては文末を「上げる」か「下げる」かの語調の違いだけになる。

Sois estudiantes.
ソイス　エストゥディアンテス
きみたちは学生です。
（主語 vosotros が省略されている）

¿Sois estudiantes?
ソイス　エストゥディアンテス
きみたちは学生ですか？

主語と動詞の倒置

英語に比べるとスペイン語の語順のしばりはずっと緩やかで，実際の会話や文章では倒置文もよく使われる。

Ud. es muy amable. / **Es Ud.** muy amable.
ウステッ エス ムイ　アマブレ　　エス　ウステッ ムイ　アマブレ
あなたはとても親切です。

複文の従属節ではしばしば倒置が行われる。

従属節（動詞　主語）
Ésta es la casa donde viven mis padres.
エスタ　エス　ラ　カーサ　ドンデ　ビーベン　ミス　パドレス
これは私の両親が住んでいる家です。
donde 関係副詞「〜であるところの場所」（英 *where*）

否定文

否定文は原則として平叙文の活用した動詞の直前に no を置いて作る。この場合の no（下記例文の♦）は英語の *not* に相当する。否定の返事「いいえ」の no（同♣）と形が同じなので注意しよう。

¿Es Ud. chino?　あなたは中国人ですか？
エス ウステッ チーノ

No♣, **no**♦ soy chino. Soy japonés.
ノ　ノ　ソイ　チーノ　ソイ　ハポネース
いいえ，私は中国人ではありません。日本人です。

疑問詞

日常会話に必要な主な疑問詞を簡単に紹介しておこう（詳細説明は第17課）。

¿qué?	何？	（英 *what*）
¿quién?	誰？	（英 *who*）
¿cuál?	どれ？	（英 *which*）
¿cuánto?	いくつ？	（英 *how many, how much*）
¿cómo?	いかに？	（英 *how*）
¿cuándo?	いつ？	（英 *when*）
¿dónde?	どこ(で)？	（英 *where*）
¿por qué?	なぜ？	（英 *why*）

疑問詞はまた，「なんと…!」などというときの感嘆文にも用いられる。疑問文の前後を **¿............?** で囲むのと同じように，感嘆文も **¡............!** のように感嘆符が文の前後につく。これもスペイン語だけの特徴だ。

¡**Qué** flores más lindas!　　なんて美しい花だろう！
¡**Cuántas** preguntas!　　なんと質問の多いことか！

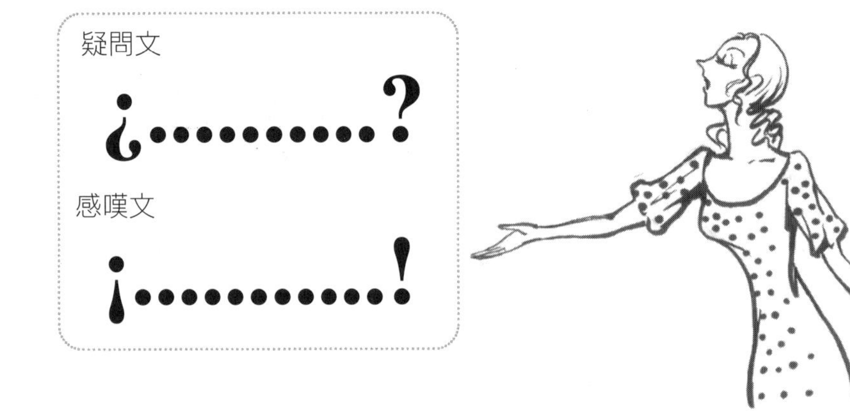

地名形容詞

地名から派生した形容詞である地名形容詞には，性・数の変化をするものと，数の変化のみのものとがある。形容詞として「～の」を意味し，また名詞として「～人」「～語（男性単数形）」の意味もある。英語と違って，**地名形容詞を名詞として用いる場合でも必ず小文字で書く**のがスペイン語式だ。

地域名・国名	男性単数	男性複数	女性単数	女性複数
España スペイン	**español** スペインの スペイン人の男 スペイン語	**españoles** スペインの スペイン人の男	**española** スペインの スペイン人の女	**españolas** スペインの スペイン人の女

性・数ともに変化するもの		男性単数	男性複数	女性単数	女性複数
男・単が子音で終わる	**Japón** 日本	japonés	japoneses	japonesa	japonesas
男・単が -o で終わる	**Italia** イタリア	italiano	italianos	italiana	italianas
女性単数形が地名と同形	**China** 中国	chino	chinos	china	chinas

性変化しないもの	単数	複数
Estados Unidos de América アメリカ合衆国	estadounidense	estadounidenses

一般の品質形容詞 （→第３課） と異なり，男性単数形が子音で終わる場合も性変化がある点に注意しよう。

第5課 主が違えば動詞も変わる

-ar動詞の規則活用の巻

「私」と「きみ」と「彼女」の動詞は形が違う

主語によって動詞の形が変化することを，**動詞の人称変化**（**活用**）という。英語では，*be*動詞以外の動詞が人称変化することはほとんどなく，例外的に，いわゆる3･単･現のｓ（*She loves.*）があるだけだ。
ところがスペイン語では，ser や estar 以外の動詞もすべて主語の人称に応じて活用する。
英語にはない特徴なので最初は誰でも面食らうが，心配ご無用。活用形にはある程度パターンがあるから，慣れればどうってことはない。
まず，規則的な活用をする動詞の例を見てみよう。

動詞 amar ［アマール］「愛する」**の現在形**

	単数		複数		
1人称	私は愛する	yo **amo** ジョ アーモ	私たちは愛する	nosotros ノソートロス nosotras ノソートラス	**amamos** アマーモス
2人称	きみは愛する	tú **amas** トゥ アーマス	きみたちは愛する	vosotros ボソートロス vosotras ボソートラス	**amáis** アマーイス
3人称	あなたは愛する	Ud. ウステッ	あなたがたは愛する	Uds. ウステーデス	
	彼は愛する	él **ama** エル アーマ	彼らは愛する	ellos エージョス	**aman** アーマン
	彼女は愛する	ella エージャ	彼女らは愛する	ellas エージャス	

Carmen **ama** a sus padres.　カルメンは両親を愛している。
カルメン　アーマ　ア　スス　パドレス

Nosotros **amamos** la naturaleza.　私たちは自然を愛している。
ノソートロス　アマーモス　ラ　ナトゥラレーサ

amarは規則活用動詞の代表格だ。
yo amo, tú amas, él ama, nosotros amamos …
ジョ アーモ　トゥ アーマス　エル アーマ　ノソートロス　アマーモス
と何度も声に出して，暗唱できるようになるまで練習しよう（慣れてきたら主語を省いてもよい）。動詞の活用を覚えるのは理屈じゃない。掛算の九九と同じで，口を動かして活用のリズムを身につけてしまおう。

amarと同じパターンで活用する規則動詞の例をさらにいくつか見てみよう。

hablar ［アブラール］「話す」

	単数		複数	
1人称	yo	**hablo** アブロ	nosotros nosotras	**hablamos** アブラーモス
2人称	tú	**hablas** アブラス	vosotros vosotras	**habláis** アブラーイス
3人称	Ud. él ella	**habla** アブラ	Uds. ellos ellas	**hablan** アブラン

Tú **hablas** español muy bien.　君はスペイン語をとても上手に話す。
トゥ　アブラス　エスパニョール　ムイ　ビエン

Nosotros **hablamos** japonés, y ellos **hablan** coreano.
ノソートロス　アブラーモス　ハポネース　イ エージョス アブラン　コレアーノ
私たちは日本語を話し，彼らは韓国語を話す。

estudiar [エストゥディアール]「勉強する」

	単数		複数	
1人称	yo	**estudio** エストゥーディオ	nosotros nosotras	**estudiamos** エストゥディアーモス
2人称	tú	**estudias** エストゥーディアス	vosotros vosotras	**estudiáis** エストゥディアーイス
3人称	Ud. él ella	**estudia** エストゥーディア	Uds. ellos ellas	**estudian** エストゥーディアン

Vosotros **estudiáis** mucho, pero yo no **estudio** nada.
ボソートロス エストゥディアーイス ムーチョ ペロ ジョ ノ エストゥーディオ ナーダ
君たちはたくさん勉強するけれども，ぼくは全然勉強しない。

Tú **estudias** en casa, y ellos **estudian** en la biblioteca.
トゥ エストゥーディアス エン カーサ イ エージョス エストゥーディアン エン ラ ビブリオテーカ
君は家で勉強し，そして彼らは図書館で勉強する。

動詞の3分類

amar [アマール], hablar [アブラール], estudiar [エストゥディアール] という形は，動詞が活用する前の形，つまり**原形**（不定詞）だ。スペイン語の動詞の原形は必ず **-ar** [アル], **-er** [エル], **-ir** [イル] のいずれかの語尾を持っている。この語尾の形から **-ar 動詞**, **-er 動詞**, **-ir 動詞**という３つのグループに分類すると，活用パターンを覚えるのに何かと都合がよい。amar, hablar, estudiar などは語尾が -ar なので **-ar 動詞**に属しているということになる。

-ar 動詞	-er 動詞	-ir 動詞
amar「愛する」 アマール	**comer**「食べる」 コメール	**vivir**「生きる」 ビビール
am-ar 語根 語尾	**com-er** 語根 語尾	**viv-ir** 語根 語尾

原形から -ar, -er, -ir の語尾を取り去った部分（amar なら am- の部分）を**語根＊**という。amarのような規則活用の動詞では，**語根の部分は変化せず，語尾だけが形を変える**。

-er動詞と -ir動詞の規則活用は次の課で紹介するとして，ここでは -ar動詞に属する規則活用（現在形）の基本的な動詞を他にも挙げておくことにしよう。

buscar　探す
ブス**カー**ル

comprar　買う
コンプ**ラー**ル

escuchar　聞く
エスク**チャー**ル

llamar　呼ぶ，電話をかける
ジャ**マー**ル

trabajar　働く，仕事をする，勉強する
トラバ**ハー**ル

caminar　歩く
カミ**ナー**ル

enseñar　教える
エンセ**ニャー**ル

esperar　待つ
エスペ**ラー**ル

llegar　到着する
ジェ**ガー**ル

「語根」を「語幹」とよぶ文法書もある。

Track 12

基本数詞 1 ～ 15

ふつうに数をかぞえるときの基本数詞は，その形の特徴から「1 ～ 15」，「16 ～ 29」，「30 ～」，と分けると覚えやすい。すべての基礎となる 1 から 15 までの数をしっかりマスターしよう。

1	uno **ウ**ノ	6	seis **セ**イス	11	once **オ**ンセ
2	dos **ド**ス	7	siete スィ**エ**テ	12	doce **ド**セ
3	tres ト**レ**ス	8	ocho **オー**チョ	13	trece ト**レー**セ
4	cuatro ク**ワ**トロ	9	nueve ヌ**エ**ベ	14	catorce カ**ト**ルセ
5	cinco **スィ**ンコ	10	diez ディ**エー**ス	15	quince **キ**ンセ

練習 4

主語に合わせて［　］内の動詞を正しく活用させてみよう。

1. Yo enseño inglés. 私は英語を教える。

⇨ Él (　　　　) inglés. [enseñar]「彼は…」

2. Tú compras muchos libros. 君はたくさんの本を買う。

⇨ Nosotros (　　　　) muchos libros. [comprar]「私たちは…」

3. Ud. trabaja todos los días. あなたは毎日仕事をする。

⇨ Tú (　　　　) todos los días. [trabajar]「君は…」

4. Nosotros escuchamos la noticia. 私たちはニュースを聞く。

⇨ Ellas (　　　　) la noticia. [escuchar]「彼女たちは…」

5. Vosotros llegáis puntualmente. 君たちは時間ちょうどに到着する。

⇨ Yo (　　　　) puntualmente. [llegar]「私は…」

6. Los parados buscan trabajo. 失業者たちは仕事を探す。

⇨ Vosotros (　　　　) trabajo. [buscar]「君たちは…」

数（序数）

「第〜番目の」を表す数（英：*first, second ...*）には男性形と女性形がある。序数を用いるのはふつうは 10 までで，11 以上の序数は基本数詞で代用する。

	男性形	（男性名詞の前で）	女性形		男性形	女性形
1	primer**o** プリメーロ	(primer) プリメール	primer**a** プリメーラ	6	sext**o** セクスト	sext**a** セクスタ
2	segund**o** セグーンド		segund**a** セグーンダ	7	séptim**o** セプティモ	séptim**a** セプティマ
3	tercer**o** テルセーロ	(terecer) テルセール	tercer**a** テルセーラ	8	octav**o** オクターボ	octav**a** オクターバ
4	cuart**o** クワルト		cuart**a** クワルタ	9	noven**o** ノベーノ	noven**a** ノベーナ
5	quint**o** キント		quint**a** キンタ	10	décim**o** デースィモ	décim**a** デースィマ

続・主が違えば動詞も変わる

-er 動詞，-ir 動詞の規則活用の巻

愛する・食べる・生きる！

前課で見た -ar 動詞に続いて，ここでは -er 動詞と -ir 動詞の規則活用を紹介する。**-ar 動詞**，**-er 動詞**，**-ir 動詞**の代表的な規則活用のパターンを見てみよう。

				amar アマール 愛する	comer コメール 食べる	vivir ビビール 生きる
単数	1	私	yo	**amo** アーモ	**como** コーモ	**vivo** ビーボ
	2	きみ	tú	**amas** アーマス	**comes** コーメス	**vives** ビーベス
	3	あなた， 彼，彼女	Ud. él, ella	**ama** アーマ	**come** コーメ	**vive** ビーベ
複数	1	私たち	nosotros nosotras	**amamos** アマーモス	**comemos** コメーモス	**vivimos** ビビーモス
	2	きみたち	vosotros vosotras	**amáis** アマーイス	**coméis** コメーイス	**vivís** ビビース
	3	あなたがた， 彼ら，彼女ら	Uds. ellos, ellas	**aman** アーマン	**comen** コーメン	**viven** ビーベン

amar の活用を暗唱できるようになったら，次は comer「食べる」と vivir「生きる」の活用に挑戦してみよう。
ただし，上の表で赤字で示した活用語尾だけを覚えようとせず，

como, comes, come ..., vivo, vives, vive ...

のように，リズムをつかんで活用形全体を暗唱できるように練習しよう。

規則活用の -er 動詞，-ir 動詞の例

規則活用の -er 動詞，-ir 動詞のうち，よく使われる基本的なものを見ておこう。どれも前ページの comer や vivir と同じパターンで変化する動詞だ。

-er 動詞

aprender「習う，習得する」
アプレンデール

yo	tú	él	nosotros	vosotros	ellos
aprendo アプレンド	aprendes アプレンデス	aprende アプレンデ	aprendemos アプレンデーモス	aprendéis アプレンデーイス	aprenden アプレンデン

beber「飲む」
ベベール

bebo ベーボ	bebes ベーベス	bebe ベーベ	bebemos ベベーモス	bebéis ベベーイス	beben ベーベン

comprender「理解する」
コンプレンデール

comprendo コンプレンド	comprendes コンプレンデス	comprende コンプレンデ	comprendemos コンプレンデーモス	comprendéis コンプレンデーイス	comprenden コンプレンデン

creer「思う，信じる」
クレエール

creo クレーオ	crees クレーエス	cree クレーエ	creemos クレエーモス	creéis クレエーイス	creen クレーエン

deber「…すべきである」
デベール

debo デーボ	debes デーベス	debe デーベ	debemos デベーモス	debéis デベーイス	deben デーベン

leer「読む，読書する」
レエール

leo レーオ	lees レーエス	lee レーエ	leemos レエーモス	leéis レエーイス	leen レーエン

vender「売る」
ベンデール

vendo ベンド	vendes ベンデス	vende ベンデ	vendemos ベンデーモス	vendéis ベンデーイス	venden ベンデン

-ir 動詞

abrir「開ける」
アブリール

abro	abres	abre	abrimos	abrís	abren
アブロ	アブレス	アブレ	アブリーモス	アブリース	アブレン

escribir「書く」
エスクリビール

escribo	escribes	escribe	escribimos	escribís	escriben
エスクリーボ	エスクリーベス	エスクリーベ	エスクリビーモス	エスクリビース	エスクリーベン

subir「登る」
スビール

subo	subes	sube	subimos	subís	suben
スーボ	スーベス	スーベ	スビーモス	スビース	スーベン

主語の省略に慣れよう

動詞が主語の人称に合わせて変化するスペイン語では，動詞の活用形を見れば主語がだいたいわかるようになっている。そこで実際の文ではひんぱんに主語の省略が行われる。逆に言えば，**動詞の活用形をしっかり覚えていないと，主語が何なのかがよくわからなくなってしまう**ということだ。

Vivo en Hokkaido.（主語はyo）
ビーボ　エン　ジョ
私は北海道に住んでいる。

Vives en Barcelona.（主語はtú）
ビーベス　エン　バルセローナ　トゥ
君はバルセローナに住んでいる。

Comemos arroz, y bebemos té.（主語はnosotros）
コメーモス　アルロース　イ　ベベーモス　テ　ノソートロス
私たちは米を食べ，お茶を飲む。

Comen pan, y beben vino.（主語はellos）
コーメン　パン　イ　ベーベン　ビーノ　エージョス
彼らはパンを食べ，ワインを飲む。

「こういう場合は必ず主語が省略される」というはっきりした規則はないが，文脈や動詞の活用形から主語が推定できる場合は**いつでも，主語は省略されうる。**

練習 5

主語に合わせて [　　　] 内の動詞を正しく活用させてみよう。

1. Aprendo inglés.　　私は英語を習う。

　⇨ Él (　　　　　) inglés.　　[aprender]「彼は…」

2. Comes mucho.　　君はたくさん食べる。

　⇨ Nosotros (　　　　　) mucho.　　[comer]「私たちは…」

3. Ud. bebe todos los días.　　あなたは毎日飲酒する。

　⇨ Tú (　　　　　) todos los días.　　[beber]「君は…」

注：beberには「～を飲む」のほか「飲酒する」という意味もある。

4. Escribimos muchas cartas.　　私たちはたくさんの手紙を書く。

　⇨ Ellas (　　　　　) muchas cartas.　　[escribir]「彼女たちは…」

5. Abrís la cuenta bancaria.　　君たちは銀行口座を開く。

　⇨ Yo (　　　　　) la cuenta bancaria.　　[abrir]「私は…」

6. Uds. viven felizmente.　　あなたがたは幸福に生活している。

　⇨ Vosotros (　　　　　) felizmente.　　[vivir]「君たちは…」

Track 15

月の名前　el mes

天体としての「月」は**la luna**だが，暦の月は**el mes**という。月の名前は英語にどことなく似ているが，発音はかなり違う。月の名前にはふつうは冠詞をつけない。

1月	enero エネーロ	2月	febrero フェブレーロ	3月	marzo マルソ	4月	abril アブリール
5月	mayo マージョ	6月	junio ホーニオ	7月	julio フーリオ	8月	agosto アゴスト
9月	septiembre セプティエンブレ	10月	octubre オクトゥブレ	11月	noviembre ノビエンブレ	12月	diciembre ディスィエンブレ

注：septiembre「9月」はsetiembreと綴ることもある。

第7課 「キミのもの」と「ボクのもの」

所有形容詞・所有代名詞

この課では英語の *my, your, his, our …* などにあたる所有を表す言葉（所有形容詞・所有代名詞）を紹介する。
所有形容詞には「前置形」と「後置形」とがある。

所有形容詞・前置形

まず，名詞の前に置いて用いる前置形を見ていくことにしよう。

私の	*my*	単数	**mi** ミ	複数	**mis** ミス
私たちの	*our*	単数	**nuestro** (男) ヌエストロ **nuestra** (女) ヌエストラ	複数	**nuestros** (男) ヌエストロス **nuestras** (女) ヌエストラス
君の	*your*	単数	**tu** トゥ	複数	**tus** トゥス
君たちの	*your*	単数	**vuestro** (男) ブエストロ **vuestra** (女) ブエストラ	複数	**vuestros** (男) ブエストロス **vuestras** (女) ブエストラス
彼の･彼女の あなたの	*his, her* *your*	単数	**su** ス	複数	**sus** スス
彼らの･彼女らの あなたがたの	*their* *your*	単数	**su** ス	複数	**sus** スス

所有形容詞は他の形容詞と同様，修飾される名詞の性と数に合わせて語形が変化する。もっとも，上の表でわかるとおり前置形で女性形があるのは

「私たちの」nuestra，nuestras と「君たちの」vuestra，vuestras

のみで，残りは性の区別がなく，単数・複数の区別があるだけだ。ここで**単数・複数というのは，所有者の数ではなく，所有物の数である**ことに注意しよう。所有形容詞・前置形は冠詞類とともに用いられることはない。

Juan es mi amigo.
ホワン エス ミ アミーゴ

フアン（男子の人名）は私の友達（単数）です。

Juan y Ana son mis amigos.
ホワン イ アーナ ソン ミス アミーゴス

フアンとアナ（女子の人名）は私の友達（複数）です。

María es vuestra amiga.
マリーア エス ブエストラ アミーガ

マリーア（女子の人名）は君たちの友達（女性・単数）です。

Vuestras hermanas son muy guapas.
ブエストラス エルマーナス ソン ムイ グワーパス

君たちの姉妹たち（女性・複数）はとても美人だ。

Nuestros padres son muy simpáticos.
ヌエストロス パドレス ソン ムイ スィンパーティコス

私たちの両親はとても気さくです。

「君の」を表す tuは，主語となる代名詞 tú「君は」とつづりが似ているので注意しようネ。

Tu coche es bastante antiguo. 君の自動車はかなり古い。
トゥ コーチェ エス バスタンテ アンティーグヲ

Tus padres son muy amables. 君の両親はとても親切(な人たち)だ。
トゥス パドレス ソン ムイ アマブレス
(padre 単数「父」，padres 複数「両親」)

suの示す範囲は「彼の・彼女の・あなたの・彼らの・彼女たちの・あなたがたの」と，かなり広い。そのため，意味が曖昧になるのを避けるために … de él や … de Ud. のように言い換えることがよくある。

Ud. y **su** hermana hablan portugués.
ウステッイ ス エルマーナ アブラン ポルトゥゲース

あなたと妹さんはポルトガル語を話します。

(この場合はsuが「あなたの」を示していることが明らか)

Su casa es muy grande.
ス カーサ エス ムイ グランデ

（彼の，彼女の，あなたの，彼らの，*etc.*）家はとても大きい。

（**su** の示す範囲が曖昧）

⇩

La casa **de él** (de ella, de Ud., de ellos, *etc.*) es muy grande.
ラ カーサ デ エル デ エージャ デ ウステッ デ エージョス エス ムイ グランデ

彼の（彼女の，あなたの，彼らの）家はとても大きい。

所有形容詞・後置形

後置形は別名を「完全形」「強勢形」などと言い，すべての語に男·女と単·複の区別があるのが特徴。ただし「私たちの」「君たちの」を表す語は前置形 (→43ページ) と同形だ。

私の	男性	単数	**mío** ミーオ	私たちの	男性	単数	**nuestro** ヌエストロ
		複数	**míos** ミーオス			複数	**nuestros** ヌエストロス
	女性	単数	**mía** ミーア		女性	単数	**nuestra** ヌエストラ
		複数	**mías** ミーアス			複数	**nuestras** ヌエストラス
君の	男性	単数	**tuyo** トゥージョ	君たちの	男性	単数	**vuestro** ブエストロ
		複数	**tuyos** トゥージョス			複数	**vuestros** ブエストロス
	女性	単数	**tuya** トゥージャ		女性	単数	**vuestra** ブエストラ
		複数	**tuyas** トゥージャス			複数	**vuestras** ブエストラス
彼の 彼女の あなたの	男性	単数	**suyo** スージョ	彼らの 彼女らの あなたがたの	男性	単数	**suyo** スージョ
		複数	**suyos** スージョス			複数	**suyos** スージョス
	女性	単数	**suya** スージャ		女性	単数	**suya** スージャ
		複数	**suyas** スージャス			複数	**suyas** スージャス

後置形は冠詞や指示語（→第８課）とともに用いることができる。

Juana es una amiga mía.
ホワーナ エス ウナ アミーガ ミーア

フアーナは私の友人（の一人）です。

Son las computadoras vuestras.
ソン ラス コンプタドーラス ブエストラス

それらは君たちのコンピューターです。

¿Es tuyo? — Sí, es mío.（何かを指さして）「君の？」「うん，ぼくのだ」
エス トゥージョ スィ エス ミーオ

愛情表現や驚きを示す言葉などによく用いられる。

¡Querida mía!／¡Vida mía! わが愛する人よ！（ねえ，おまえ！）
ケリーダ ミーア ビーダ ミーア

¡Amigo mío! わが友よ！
アミーゴ ミーオ

¡Madre mía!／¡Dios mío! ああ，神様！（ああ，なんてことだ！）
マドレ ミーア ディオース ミーオ

所有代名詞

「（誰それ）のもの」を表す所有代名詞には［定冠詞＋所有形容詞・後置形］の形が用いられる。

Aquí está mi coche. ¿Dónde está el tuyo?
アキー エスター ミ コーチェ ドンデ エスター エル トゥージョ

ぼくの車はここにある。**君の**はどこにあるの？

El mío está en un taller.
エル ミーオ エスター エン ウン タジェール

ぼくのは修理工場にある。

練習 6

1 和訳文に従って（　）の中に適切な形の所有形容詞・前置形を入れてみよう。

1. Raquel es (　　　　　) hermana.　ラケールは私の姉さんです。
2. Son (　　　　　) zapatos.　それらは彼の靴です。
3. (　　　　　) ciudad es muy grande.　私たちの町はとても大きい。
4. ¿(　　　　　) padres viven en Perú?　君の両親はペルーに住んでるの？
5. Aquí están (　　　　　) pasaportes.
   あなたがたのパスポートはここにあります。

2 和訳文に従って（　）の中に適切な形の所有形容詞・後置形を入れてみよう。

1. Carlos es un amigo (　　　　　).　カルロスは私の友人（の一人）です。
2. Teresa es una amiga (　　　　　).　テレーサは君の友人（の一人）です。
3. Estos discos son (　　　　　).　これらのＣＤは君のものです。
4. Jorge es un compañero (　　　　　).　ホルヘは私たちの同僚（の一人）です。
5. Esta maleta es (　　　　　).　この旅行かばんはあなたのです。

Track 18

四季　las cuatro estaciónes

la estación [エスタスィオーン]「季節」は，「駅，ガソリンスタンド」を意味する estación と同音異義語なので気をつけよう。

春	la primavera ラ プリマベーラ	夏	el verano エル ベラーノ
秋	el otoño エル オトーニョ	冬	el invierno エル インビエルノ

第8課 コレとか、ソレとか、アレの話

指示形容詞

スペイン語では，日本語の「これ」「それ」「あれ」にあたる指示語にも単数と複数，男性と女性の区別がある。しかし，話し手から見た指示物までの距離の分類は日本語の「コ・ソ・ア」体系とほぼ同じなので，英語の *this* や *that* よりも身近に感じるだろう。

指示形容詞「この」「その」「あの」

			男性	女性
コ	単数	この	**este** エステ	**esta** エスタ
	複数	これらの	**estos** エストス	**estas** エスタス
ソ	単数	その	**ese** エセ	**esa** エサ
	複数	それらの	**esos** エソス	**esas** エサス
ア	単数	あの	**aquel** アケール	**aquella** アケージャ
	複数	あれらの	**aquellos** アケージョス	**aquellas** アケージャス

este libro　この本
エステ　リブロ

estos libros　これらの本
エストス　リブロス

ese libro　その本
エセ　リブロ

esos libros　それらの本
エソス　リブロス

aquel libro　あの本
アケール　リブロ

aquellos libros　あれらの本
アケージョス　リブロス

esta casa　この家
エスタ　カーサ

estas casas　これらの家
エスタス　カーサス

esa casa　その家
エサ　カーサ

esas casas　それらの家
エサス　カーサス

aquella casa　あの家
アケージャ　カーサ

aquellas casas　あれらの家
アケージャス　カーサス

指示代名詞「これ」「それ」「あれ」

指示形容詞にアクセント記号をつけた形は,「これ」「それ」「あれ」と指し示すもの自体を表す指示代名詞になる。

			男性	女性
コ	単数	これ	**éste** エステ	**ésta** エスタ
	複数	これら	**éstos** エストス	**éstas** エスタス
ソ	単数	それ	**ése** エセ	**ésa** エサ
	複数	それら	**ésos** エソス	**ésas** エサス
ア	単数	あれ	**aquél** アケール	**aquélla** アケージャ
	複数	あれら	**aquéllos** アケージョス	**aquéllas** アケージャス

Éste es mi libro.
エステ エス ミ リブロ
これは私の本です。

Éstos son mis libros
エストス ソン ミス リブロス
これらは私の本です。

Ése es mi libro.
エセ エス ミ リブロ
それは私の本です。

Ésos son mis libros.
エソス ソン ミス リブロス
それらは私の本です。

Aquél es mi libro.
アケール エス ミ リブロ
あれは私の本です。

Aquéllos son mis libros.
アケージョス ソン ミス リブロス
あれらは私の本です。

Ésta es mi casa.
エスタ エス ミ カーサ
これは私の家です。

Éstas son mis casas.
エスタス ソン ミス カーサス
これらは私の家です。

Ésa es mi casa.
エサ エス ミ カーサ
それは私の家です。

Ésas son mis casas.
エサス ソン ミス カーサス
それらは私の家です。

Aquélla es mi casa.
アケージャ エス ミ カーサ
あれは私の家です。

Aquéllas son mis casas.
アケージョス ソン ミス カーサス
あれらは私の家です。

指示代名詞を「この人」「その人」のように人を示す代名詞として用いるときは，指し示す人の性・数に形を一致させる。

Éstas son mis hermanas.
エスタス ソン ミス エルマーナス
この人たちは私の姉妹です。

Aquéllos son vuestros primos.
アケージョス ソン ブエストロス プリーモス
あの人たちは君たちのイトコ（男性）です。

ただし，**ése** や **ésa** で人を示すとやや軽蔑的な意味になるので注意しよう。

¿Quién es **ése**?
キエン エス エセ
誰だい，そいつ？

指示代名詞・中性形

「このこと」「そのこと」「あのこと」と抽象的な物事を示す代名詞で，性や数の変化をしない。

このこと	そのこと	あのこと
esto エスト	**eso** エソ	**aquello** アケージョ

¿Qué es **esto**? — Es un teléfono celular.
ケ エス エスト エス ウン テレーフォノ セルラール
これは何ですか？――携帯電話です。

¡**Eso** es!
エソ エス
（相手の言葉を受けて）そう，そのとおり！

場所を示す言葉

ここ（に・で）	そこ（に・で）	あそこ（に・で）
aquí / acá* アキー　アカー	**ahí** アイー	**allí / allá**** アジー　アジャー

* ラテンアメリカでは acá がよく用いられる。

**allí は具体的な範囲を示して「あそこ」，allá は漠然と「あっちのほう」。

Vivimos **aquí.**
ビビーモス　アキー

私たちはここに住んでいます。

Ahí está mi oficina.
アイー　エスター　ミ　オフィスィーナ

そこに私のオフィスがあります。

Aquí, en Buenos Aires, estamos en verano, pero **allí**, en Tokio, están en invierno.
アキー　エン ボエノス　アイレス　エスターモス　エン ベラーノ　ペロ　アジー　エン トキオ　エスターン エン インビエルノ

ここブエノスアイレスではいま夏ですが，あちら東京ではいま冬です。（直訳：ここブエノスアイレスでは私たちは夏にいるが，あちら東京では彼らは冬にいる）

Track 20

日にちの言い方

昨日	ayer アジェール	今日	hoy オイ	明日	mañana マニャーナ
おととい	anteayer アンテアジェール	あさって	pasado mañana パサード　マニャーナ		
先週	la semana pasada ラ セマーナ　パサーダ	今週	esta semana エスタ　セマーナ	来週	la semana que viene ラ セマーナ　ケ　ビエネ
先月	el mes pasado エル メス　パサード	今月	este mes エステ メス	来月	el mes que viene エル メス　ケ　ビエネ
去年	el año pasado エル アーニョ パサード	今年	este año エステ アーニョ	来年	el año que viene エル アーニョ ケ　ビエネ

練習 7

1 (　　) の中に適切な指示形容詞を入れてみよう。

1. この花　(　　　　　　) flor
2. それらの鉛筆　(　　　　　　) lápices
3. あの男　(　　　　　　) hombre
4. これらの山々　(　　　　　　) montañas
5. その橋　(　　　　　　) puente
6. あれらの問題　(　　　　　　) problemas

2 (　　) の中に適切な指示代名詞を入れてみよう。

1. それらはあなたがたの衣類です。　(　　　　　　) son sus ropas.
2. これはあなたの家です。　(　　　　　　) es su casa.
3. あれは君のアルバムです。　(　　　　　　) es tu álbum.
4. この子たちは私たちの息子です。　(　　　　　　) son nuestros hijos.
5. あれらは私の祖母の写真です。　(　　　　　　) son fotos de mi abuela.
6. それは君たちの飛行機です。　(　　　　　　) es vuestro avión.

日付の言い方

原則として基本数詞を使うが，一日(ついたち)だけは序数で el primero という。

el primero de agosto　8月1日
el veintidós de diciembre　12月22日

第9課 「を格」と「に格」の話

直接目的語と間接目的語

スペイン語には目的語となる代名詞が2種類ある。「私を」「彼女を」などを示す直接目的語（**を格**）の代名詞と，「私に」「彼女に」などを示す間接目的語（**に格**）の代名詞だ。

「を格」の代名詞		単数		複数		
1人称	私を	**me** メ		私たちを		**nos** ノス
2人称	君を	**te** テ		君たちを		**os** オス
3人称	彼を 彼女を あなたを	男性 **lo (le)** ロ　レ	女性 **la** ラ	彼らを 彼女らを あなた方を	男性 **los (les)** ロス　レス	女性 **las** ラス

「に格」の代名詞		単数	複数	
1人称	私に	**me** メ	私たちに	**nos** ノス
2人称	君に	**te** テ	君たちに	**os** オス
3人称	彼に 彼女に あなたに	**le** レ	彼らに 彼女らに あなた方に	**les** レス

上の表では「を格」と「に格」とを分けて示したが，**「を格」と「に格」とで語形が異なるのは3人称の代名詞だけ**で，1人称と2人称では全く同じ語形になる。3人称の代名詞は人だけでなく事物を示すときにも用いられ，その場合は「それを」「それに」などの意味になる。

目的語の代名詞の語順

目的語を具体的に言うときは動詞の後に置かれるが，目的語を代名詞で言うときはかならず**活用した動詞の前**に置かれる。
「を格」の目的語が代名詞でなく，具体的な人物の場合は前置詞 a を添える：
Ana espera a su novio.（下記例文参照）

「を格」の場合

Yo **te** espero. / Tú **me** esperas.　私は**君を**待つ／君は**私を**待つ。
ジョ テ エスペーロ　トゥ メ エスペーラス

Yo espero **a mi novia.**　ぼくは**ぼくの恋人を**待つ。
ジョ エスペーロ ア ミ ノービア

⇩

Yo **la** espero.　ぼくは**彼女を**待つ。
ジョ ラ エスペーロ

Ana espera **a su novio.**　アーナは**彼女の恋人を**待つ。
アーナ エスペーラ ア ス ノービオ

⇩

Ana **lo** espera.　アーナは**彼を**待つ。
アーナ ロ エスペーラ

（一部の地域では lo, los が人を指す場合に le, les を用いることがある：Ana lo espera. → Ana le espera.）

Yo leo **un libro.**　私は**本を**読む。
ジョ レオ ウン リブロ

⇩

Yo **lo** leo.　私は**それを**読む。
ジョ ロ レオ

「に格」の場合

Yo **te** mando un paquete. / Tú **me** mandas un paquete.
ジョ テ マンド ウン パケーテ トゥ メ マンダス ウン パケーテ

私は**君に**小包を送る。／君は**私に**小包を送る。

Yo **le** mando un paquete. (le = *a él, a ella, a usted*)
ジョ レ マンド ウン パケーテ レ ア エル ア エージャ ア ウステッ

私は**彼に**（彼女に，あなたに）小包を送る。

Él **nos** enseña inglés. / Yo **os** enseño inglés.
エル ノス エンセーニャ イングレース ジョ オス エンセーニョ イングレース

彼は**私たちに**英語を教える。／私は**君たちに**英語を教える。

Yo **les** enseño inglés. (les = *a ellos, a ellas, a ustedes*)
ジョ レス エンセーニョ イングレース レス ア エージョス ア エージャス ア ウステーデス

私は**彼らに**（彼女らに，あなた方に）英語を教える。

「を格」と「に格」がともに代名詞のときは，①「に格」＋ ②「を格」の順に並べる。

Yo **te** escribo **una carta**. / Tú **me** escribes **una carta**.
ジョ テ エスクリーボ ウナ カルタ トゥ メ エスクリーベス ウナ カルタ

私は**君に**手紙を書く。／君は**私に**手紙を書く。

⇩

Yo **te la** escribo. / Tú **me la** escribes.
ジョ テ ラ エスクリーボ トゥ メ ラ エスクリーベス

私は**君にそれを**書く。／君は**私にそれを**書く。

Yo **os la** escribo. / Vosotros **nos la** escribís.
ジョ オス ラ エスクリーボ ボソートロス ノス ラ エスクリビース

私は**君たちにそれを**書く。／君たちは**私たちにそれを**書く。

否定文では，no を目的語の代名詞の前に置く。

Tú **no me** esperas. 君は私を待たない。
トゥ ノ メ エスペーラス

Vosotros **no me la** escribís. 君たちは私にそれを書かない。
ボソートロス ノ メ ラ エスクリビース

「に格」と「を格」の代名詞がともに3人称の場合（**le + lo, le + la, les + los, les + las,** *etc.*），語呂の悪さを避けるために「に格」の **le, les** を **se** に変える（一種の音便）。

Yo le escribo una carta. 私は**彼に**（**彼女に，あなたに**）**手紙を**書く。
ジョ レ エスク**リー**ボ ウナ **カ**ルタ

⇩

Yo se la escribo.（× Yo **le la** escribo.）
ジョ セ ラ エスク**リー**ボ

私は**彼に**（**彼女に，あなたに**）**それを**書く。

3人称の **le, les** は示す範囲が広いので，誰を指しているのかが曖昧になるのを避けるために「誰それに」と具体的に付け加えることがある。

Yo les mando un paquete a Uds. 私はあなた方に小包を送る。
ジョ レス **マ**ンド ウン パ**ケ**ーテ ア ウス**テ**ーデス

Yo se lo mando a ella. 私は彼女にそれを送る。
ジョ セ ロ **マ**ンド ア **エ**ージャ

この場合 **le, les** は余計なものに思えるが，省略しないのが原則。

Ud. や Uds. などの略記の語には必ずピリオドをつける。これらの略記語が文末に置かれたときは，そのピリオドは文の終止符を兼ねる。

中性代名詞の lo と中性定冠詞の lo

中性代名詞 lo は，話や文の内容など抽象的な事柄を指して「そう」，「そのことを」というときに用いる代名詞で，複数形はない。「を格」の代名詞・3人称単数男性形の lo と形が同じなので注意しよう。

¿Son ellas argentinas? — No, no **lo** son. Son uruguayas.
ソン エージャス アルヘンティーナス ノ ノ ロ ソン ソン ウルグワージャス
彼女たちはアルゼンチン人ですか？――いいえ，**そう**ではありません。ウルグアイ人です。

これと同形の語には**中性定冠詞の lo** もある。複数形はなく，形容詞について「～なこと」という抽象的な名詞を作るほか，前置詞 de とともに名詞について「～のこと（件，話）」の意味になる。

Tienes que contestarle **lo** más pronto posible.
ティエネス ケ コンテスタールレ ロ マス プロント ポスィーブレ
きみは彼にできるだけ早く返事を書かなければならない。

Lo de tu esposa es muy triste.
ロ デ トゥ エスポーサ エス ムイ トリステ
きみの奥さんの一件はとても悲しいことです。

また，関係代名詞 que の前に置いて「～すること」「～したこと」（英 *what*）を示すはたらきがある。

No entiendo **lo que** dice Ud.
ノ エンティエンド ロ ケ ディーセ ウステッ
あなたのおっしゃることがわかりません。

練習 8

1 「を格」の目的語を代名詞に変え，（　　）の中に入れてみよう。

1. Tú compras un reloj.　君は時計を買う。

⇨ Tú (　　　) compras.

2. Yo escucho la radio.　私はラジオを聞く。

⇨ Yo (　　　) escucho.

3. Nosotros sacamos unas fotos.　私たちは何枚かの写真を撮る。

⇨ Nosotros (　　　) sacamos.

4. Él mata unos mosquitos.　彼は数匹の蚊を殺す。

⇨ Él (　　　) mata.

2 「を格」目的語を代名詞に変え，全文を書き換えてみよう。

1. Vosotros me regaláis un CD.　君たちは私にＣＤをプレゼントする。

⇨

2. Ellos nos escriben muchas cartas.　彼らは私たちにたくさんの手紙を書く。

⇨

3. Mi abuelo me enseña muchas cosas.
私の祖父は私にたくさんのことを教えてくれる。

⇨

4. Yo le pregunto muchas cosas.　私は彼にたくさんのことを質問する。

⇨

Track 22

第10課 小僧のくせに力持ち

前置詞

前置詞は文の中で言葉の相互関係を示す，小粒でもピリリと辛い機能語だ。英語と同様，スペイン語でも前置詞の数は限られているが，使用頻度はメチャメチャに高い。こういうものは一気にエイッと覚えてしまうと後の勉強がラクになる。

---

a　「～に」「～へ」（移動の方向，到達点）［英：*to*］，「～に」（地点，時点）［英：*at, on*］

Este tren va **a** Segovia.　この列車はセゴビアへ行く。（va←ir「行く」）
エステ　トレン　バ　ア　セゴービア

La clase empieza **a** las diez.　授業は10時に始まる。
ラ　クラーセ　エンピエーサ　ア　ラス　ディエース　（empieza←empezar「始まる」）

---

con　「～とともに」「～で」（手段）［英：*with*］

Aprendo español **con** un profesor peruano.
アプレンド　エスパニョール　コン　ウン　プロフェソール　ペルワーノ

私はペルー人の先生にスペイン語を習う。（「先生と～」と直訳してはダメ）

Comemos **con** palillos.　私たちは箸で食べる。
コメーモス　コン　パリージョス

---

de　「～の」「～からの」（所属，出所，材料）［英：*of, from*］

Esta computadora es **de** Miguel.　このパソコンはミゲルのです。
エスタ　コンプタドーラ　エス　デ　ミゲール

¿**De** dónde es Ud.? — Soy **de** Osaka.
デ　ドンデ　エス　ウステッ　ソイ　デ　オーサカ

ご出身はどちらですか？——私は大阪出身です。

---

desde　「～から」（起点，出発点）［英：*from*］

Esta cafetería está abierta **desde** las seis de la mañana.
エスタ　カフェテリーア　エスター　アビエルタ　デスデ　ラス　セイス　デ　ラ　マニャーナ

この喫茶店は朝6時から開いている。（estar abierto「開いている」）

---

en 「～の中で」「～の中に」（場所）［英：*in, at, on*］，「～で」（移動手段）

Costa Rica está **en** Centroamérica.　コスタリカは中米にある。
コスタ　ル**リー**カ　エス**ター**　エン　セントロア**メー**リカ

Voy a México **en** avión.
ボイ　ア　**メー**ヒコ　エン　アビ**オー**ン

私は飛行機でメキシコに行く。（voy←ir「（私は）行く」）

---

entre 「～の間で」［英：*between*］

Hay una distancia de unos quinientos kilómetros **entre** Tokio y Kioto.
アイ　ウナ　ディス**タ**ンスィア デ　ウノス　キニ**エ**ントス　キ**ロー**メトロス　エントレ　ト**キ**オ　イ　キ**オ**ト

東京と京都の間には約500キロメートルの距離がある。（hay ~「～がある」）

---

hacia 「～のほうへ」（移動の方向）［英：*toward*］，「～（時）ごろ」［英：*about*］

Los alumnos miran **hacia** el maestro.　生徒たちは先生の方を見る。
ロス　アル**ー**ムノス　**ミー**ラン　アスィア　エル マ**エ**ストロ

Normalmente llego a la oficina **hacia** las nueve.
ノル**マ**ルメンテ　**ジェー**ゴ　ア　ラ オフィ**スィー**ナ アスィア　ラス　ヌ**エー**ベ

ふだん私は事務所に9時ごろ着く。

---

hasta 「～まで」（終着点・終了時点）［英：*until*］

La taquilla está abierta **hasta** las ocho de la tarde.
ラ　タ**キー**ジャ　エス**ター**　アビ**エ**ルタ　アスタ　ラス　**オー**チョ　デ　ラ　**タ**ルデ

切符売り場は午後8時まで開いている。

---

para 「～のために」「～にとって」［英：*for*］

¿**Para** qué sirve esto?　これは何の役にたつの？（sirve←servir「役立つ」）
パラ　**ケ**　**スィ**ルベ　**エ**スト

Esta blusa es demasiado grande **para** mi hija.
エスタ　ブ**ル**ーサ　**エ**ス　デマスィ**アー**ド　グ**ラ**ンデ　パラ　ミ　**イ**ッハ

このブラウスは私の娘には大きすぎる。

---

por 「～によって」「～のゆえに」（理由），「～の辺りに」（場所）［英：*by, for*］

Miles de personas fueron matadas **por** el ataque aéreo.
ミーレス　デ　ペル**ソー**ナス　フ**エ**ロン　マ**ター**ダス　ポレル　ア**ター**ケ　ア**エー**レオ

その空襲によって何千もの人が殺された。（fueron matados〔ser+p.p.=受動態〕「殺された」）

¿Hay una estación de metro **por** aquí cerca?
アイ ウナ エスタスィオーン デ メトロ ポル アキー セルカ

この辺りに地下鉄の駅はありますか？

---

sin 「～なしに，～しないで」［英：*without*］

No es posible dominar un idioma extranjero **sin** esfuerzo.
ノ エス ポスィーブレ ドミナール ウン イディオーマ エストランヘーロ スィン エスフエルソ

努力なしに外国語をマスターすることは不可能だ。

---

sobre 「～の上に」（場所）［英：on］，「～について」（主題）［英：*about*］

Hay unas revistas **sobre** la mesa. テーブルの上に雑誌が何冊かある。
アイ ウナス ルレビスタス ソブレ ラ メーサ

Yo hablo con Manolo **sobre** el examen de ayer.
ジョ アブロ コン マノーロ ソブレ エル エクサーメン デ アジェール

私はマノロと昨日の試験について話す。

注：参考に示した英語の前置詞は，おおよその意味が対応するものです。

前置詞と定冠詞の結合

前置詞 a および de と定冠詞 el が連続すると，前置詞と定冠詞が結合してひとつづりの語になる。

a + el	de + el
al アル	**del** デル

Voy **al** baño.
ボイ アル バーニョ

私はトイレへ行く。

En la pared hay un cuadro **del** monte Fuji.
エン ラ パレッ アイ ウン クワドロ デル モンテ フジ

壁に富士山の絵がある。

Track 23

第11課 続々・オトコとオンナの話

過去分詞の巻

ハンバーガー・ショップでおなじみのフライド・ポテトをスペイン語では **patatas fritas** [パタータス　フリータス]（「ポテト・チップス」の意もある）という。**fritas** [フリータス] は動詞 **freír** [フレイール]「（油で）揚げる」の過去分詞だ。
英語もスペイン語も，過去分詞には形容詞のように名詞を修飾するはたらきがある。
英語の過去分詞は性・数の変化をしないが，スペイン語の **fritas** は修飾される名詞 **patatas** に性と数を一致させた形（女性複数形）になっている。

動詞 freír「（油で）揚げる」**の過去分詞**

男性・単数	男性・複数	女性・単数	女性・複数
frito フリート	**fritos** フリートス	**frita** フリータ	**fritas** フリータス

規則型の過去分詞

上に例に挙げた **freír → frito** は，実は変則型の過去分詞のひとつだ。ここではまず規則型の過去分詞を見てみることにしよう。規則型の過去分詞は，動詞原形の語根に，**-ar** 動詞なら **-ado** を，**-er, -ir** 動詞なら **-ido** をつなげて作る（男性単数形）。

分類	公式	組み立て方			過去分詞
-ar 動詞	**語根＋-ado**	amar アマール	⇨	**am + -ado**	**amado** アマード
-er 動詞	**語根＋-ido**	comer コメール	⇨	**com + -ido**	**comido** コミード
-ir 動詞		vivir ビビール	⇨	**viv + -ido**	**vivido** ビビード

過去分詞は原則的な形容詞の性・数変化 (→第３課) と同じ変化をする。

男性・単数	男性複数	女性・単数	女性・複数
amado アマード	amados アマードス	amada アマーダ	amadas アマーダス
comido コミード	comidos コミードス	comida コミーダ	comidas コミーダス
vivido ビビード	vividos ビビードス	vivida ビビーダ	vividas ビビーダス

過去分詞は形容詞のように名詞を修飾する。

ventana **abierta** 開いている窓
ベンターナ アビエルタ

reloj **roto** こわれた時計
ルレロッホ ルロート

jamón **cocido** 加熱処理したハム
ハモーン コスィード
（単に jamón といえば通常「生ハム」を指す）

"La bicicleta blanca" es una canción **compuesta** por Ástor Piazzolla.
ラ ビスィクレータ ブランカ エス ウナ カンスィオーン コンプエスタ ポル アストル ピアソーラ

『白い自転車』はアストル・ピアソラによって作曲された歌です。

ser + 過去分詞
=受け身

estar + 過去分詞
=状態を表す

動詞 ser と組んで受動態を作るとき，過去分詞は主語に性と数を一致させる。

Irene y su hermana **son queridas** por todos.
イレーネ イ ス エルマーナ ソン ケリーダス ポル トードス

イレーネとその姉妹はみんなから愛されている。

El presidente del colegio **es respetado** por los alumnos.
エル プレスィデンテ デル コレーヒオ エス ルレスペタード ポル ロス アルームノス

その学校の校長は生徒たちから尊敬されている。

動詞 estar と組んで状態を表すときも，主語に性と数を一致させる。

Hoy el restaurante **está abierto.** 今日そのレストランは開いている。
オイ エル ルレスタウランテ エスター アビエルト

Todas las ventanas **están cerradas.** すべての窓が閉じられている。
トーダス ラス ベンターナス エスターン セルラーダス

Mi coche **está roto.** ぼくの車はこわれている。
ミ コーチェ エスター ルロート

ここに紹介した以外に，動詞の完了形をつくるときにも過去分詞が用いられる（現在完了→第12課，過去完了→第29課）。

変則型の過去分詞

62ページで紹介した **freír→frito** のように，変則的な型の過去分詞を持つ動詞がある。とくに重要なものを挙げておこう。

動詞原形	男性・単数	男性・複数	女性・単数	女性・複数
abrir（開ける） アブリール	abierto アビエルト	abiertos アビエルトス	abierta アビエルタ	abiertas アビエルタス
cubrir（覆う） クブリール	cubierto クビエルト	cubiertos クビエルトス	cubierta クビエルタ	cubiertas クビエルタス
descubrir デスクブリール （発見する）	descubierto デスクビエルト	descubiertos デスクビエルトス	descubierta デスクビエルタ	descubiertas デスクビエルタス
decir（言う） デスィール	dicho ディーチョ	dichos ディーチョス	dicha ディーチャ	dichas ディーチャス
escribir（書く） エスクリビール	escrito エスクリート	escritos エスクリートス	escrita エスクリータ	escritas エスクリータス
freír フレイール （油で揚げる）	frito フリート	fritos フリートス	frita フリータ	fritas フリータス
hacer アセール （作る・する）	hecho エーチョ	hechos エーチョス	hecha エーチャ	hechas エーチャス
morir（死ぬ） モリール	muerto ムエルト	muertos ムエルトス	muerta ムエルタ	muertas ムエルタス
poner（置く） ポネール	puesto プエスト	puestos プエストス	puesta プエスタ	puestas プエスタス
componer コンポネール （組み立てる）	compuesto コンプエスト	compuestos コンプエストス	compuesta コンプエスタ	compuestas コンプエスタス
romper（壊す） ルロンペール	roto ルロート	rotos ルロートス	rota ルロータ	rotas ルロータス
volver ボルベール （帰る・戻る）	vuelto ブエルト	vueltos ブエルトス	vuelta ブエルタ	vueltas ブエルタス
ver（見る） ベール	visto ビスト	vistos ビストス	vista ビスタ	vistas ビスタス

練習 9

1 動詞の原形から過去分詞を作り，性・数の変化をさせてみよう。

動詞原形	男性・単数	男性・複数	女性・単数	女性・複数
llegar （到着する） ジェガール				
querer（愛する・欲する） ケレール				
subir （登る・上がる） スビール				

2 [　　] の動詞を適切な形の過去分詞にして（　　）の中に入れてみよう。

1. 「開いているドア」 puertas (　　　　) [abrir]
（変則型）
2. 「こわれたコンピューター」 computadoras (　　　　) [romper]
（変則型）
3. 「失われた時間」 tiempo (　　　　) [perder]
（規則型）
4. 「閉まっている喫茶店」 cafeterías (　　　　) [cerrar]
（規則型）
5. 「有名な女優」 actriz (　　　　) [conocer]
（規則型）

3 ［ser + 過去分詞］の受動態の文に書き換えてみよう。

1. Todos los estudiantes respetan a la profesora.

学生は全員その先生を尊敬している。⇨その先生は学生たち全員から尊敬されている。

⇨

2. Todos los de la ciudad conocen este accidente.

町のみんながこの事故を知っている。⇨この事故は町のみんなに知られている。

⇨

Track 25

第12課 今までにしてきたこと…

現在完了形

前の課で学んだ過去分詞を応用して，ここでは動詞の現在完了形を用いた文に挑戦してみよう。

まず，完了形をつくる助動詞haber［アベール］の現在形の活用を紹介しよう。
haberは，英語で完了の助動詞として用いられる*have*に似ているが，haberには*have*のような「持つ・所有する」という意味はないので注意しよう。

haberの現在形活用

	単数		複数	
1人称	yo	**he** エ	nosotros nosotras	**hemos** エーモス
2人称	tú	**has** アス	vosotros vosotras	**habéis** アベーイス
3人称	Ud., él, ella	**ha, hay** ア　アイ	Uds., ellos, ellas	**han** アン

上の表で3人称単数形にha［ア］とhay［アイ］という2つの活用形が見えるが，現在完了形で用いるのはhaという形のほうだ（70ページで後述するようにhayには完了形とは別の用法がある）。

さて，現在完了形はhaber [アベール] の現在形に過去分詞をつなげて作る。例として動詞comer [コメール]「食べる」の現在完了形を見てみよう。

comer「食べる」**の現在完了形**（comerの過去分詞＝comido）

	単数		複数	
1人称	yo	**he comido** エ　コミード	nosotros	**hemos comido** エーモス　コミード
2人称	tú	**has comido** アス　コミード	vosotros	**habéis comido** アベーイス　コミード
3人称	Ud., él, ella	**ha comido** ア　コミード	Uds., ellos, ellas	**han comido** アン　コミード

完了形を作る際に注意したいのは，主語の性・数にかかわらず**必ず男性単数形の過去分詞を用いる**という点と，**活用したhaberと過去分詞の間には何も挟むことができない**（否定文のnoや目的語の代名詞は必ず活用したhaberの前に置く）という点だ。これは現在完了形に限らず，すべての完了形に共通する特徴なので，しっかり覚えておこう。

【注】haberが活用していない「完了の不定詞」の場合は，原形 haber の末尾に目的語の代名詞が連結されるので，結果として haber と過去分詞の間に置かれることになる。

例：Gracias por haberme escrito.「私に（手紙を）書いてくれてありがとう」

「完了」の考え方は，英文法の「完了」とほぼ同じと思って差し支えない。

現在とのつながりのある完了した動作を表す

¿**Has comido** el desayuno? — No, no lo **he comido**.
アス コミード エル デサジューノ ノ ノ ロ エ コミード

「朝ご飯，食べた？」「いや，食べてない」

この desayuno ［デサジューノ］「朝食」が昨日のではなく今朝の朝食を指しており，No lo he comido.の文は「朝食を食べないまま，今に至っている」ことを示している。

¿Conoce Ud. el accidente de avión ocurrido en China?
コノーセ ウステッ エル アクスィデンテ デ アビオーン オクルリード エン チーナ

— Sí, lo **he leído** en el periódico.
スィ ロ エ レイード エン エル ペリオーディコ

「中国で起きた飛行機事故をご存じですか？」「ええ，新聞で読みました」

現在までの経験を表す

Mis padres **han viajado** unas veces por Europa.
ミス パドレス アン ビアハード ウナス ベーセス ポル エウローパ

私の両親は何度か欧州を旅行したことがある。

He visto un ovni. ぼくはＵＦＯを見たことがある。
エ ビスト ウン オブニ

(ovni = objeto volante no identificado「未確認飛行物体」の略)
オブニ オブヘート ボランテ ノ イデンティフィカード

現在までの継続を表す

En estos años, Japón **ha experimentado** una dura situación económica.
エン エストス アーニョス ハポーン ア エスペリメンタード ウナ ドゥーラ スィトゥアスィオーン エコノーミカ

ここ数年，日本は経済的な苦境を経験してきた。

「〜がある・いる」を表すhay

haber [アベール] の３人称単数形のもうひとつの形であるhay [アイ] は，英語の *there is ~*, *there are ~*と同じように「〜がある・いる」の意味で用いられる。

Hay unos barcos grandes en el puerto.
アイ ウノス バルコス グランデス エン エル プエルト
その港には数隻の大きな船がいる。

Hay mucha gente en la Avenida de Mayo.
アイ ムーチャ ヘンテ エン ラ アベニーダ デ マージョ
アベニーダ・デ・マージョ(五月大通り)はすごい人出だ(=たくさんの人々がいる)。

Hay una fiesta en la plaza. 広場でお祭り（パーティ）がある。
アイ ウナ フィエスタ エン ラ プラーサ

意味上の主語の数にかかわらず，現在のことを言っているかぎりhaberは hay 以外の形に変化しない。文法上 hay は他動詞としてはたらくので，意味上の主語は文法的には haber の「を格」の目的語になる。したがって，意味上の主語を「を格」の代名詞に置き換えることができる。

¿**Hay** estación de metro cerca de aquí? — Sí, la **hay**.
アイ エスタスィオーン デ メトロ セルカ デ アキー スィ ラ アイ
「この近くに地下鉄の駅はありますか？」「はい，あります」

ふつうは**意味上の主語となる名詞には不定冠詞がつくか，または無冠詞**のままとなる。定冠詞などの限定語のついた名詞について「〜がある」という場合は estarを用いる。つまり，不特定の概念を述べるときにはhayを，特定の概念を述べるときにはestarを用いる。

En este pueblo **hay** una estación de ferrocarril.
エン エステ プエブロ アイ ウナ エスタスィオーン デ フェルロカルリール

La estacíon **está** cerca de mi casa.
ラ エスタスィオーン エスター セルカ デ ミ カーサ
この村には鉄道の駅がひとつあります。その駅は私の家の近くにあります。

練習 10

1 現在完了形を用いてスペイン語に訳してみよう。

1. 「私たちは昼食を済ませました」
（単語：昼食 el almuerzo ［エル　アルム**エ**ルソ］）

⇨ el almuerzo.

2. 「君たちは韓国を訪れたことがあるかい？」
（単語：韓国 Corea，訪れる visitar）

⇨ ¿ Corea?

3. 「パブロは海を見たことがない」
（単語：パブロ Pablo, 海 el mar，見る ver）

⇨ Pablo el mar.

4. 「スサーナは１年間日本語を勉強してきている」
（単語：スサーナ Susana, 日本語 japonés, 一年間 un año，勉強する estudiar）

⇨ Susana un año.

2 （　）の中に haber または estar の活用形を入れて文を完成させよう。

1. Aquí (　　　　) una librería.
ここに本屋が一軒があります。

2. Cerca de la librería (　　　　) la casa de mi novio.
その本屋の近くに私の恋人の家があります。

3. ¿Qué (　　　　) dentro del bolsillo?
ポケットの中に何があるの？

4. Ahí dentro (　　　　) un disquet.
その中にはフロッピーディスクが一枚あります。

第13課 「寒さ」や「痛み」を「所有する」とは

不規則動詞の tener

基本的に「持つ・所有する」という意味の動詞 tener [テネール] は，他の動詞などと組み合わせてさまざまな重要表現に用いられる，使用頻度の高い動詞だ。ひんぱんに用いられる動詞の例にもれず，tener は不規則な活用をする。

tener [テネール]「持つ・所有する」**の現在形活用**

	単数		複数	
1人称	yo	**tengo** テンゴ	nosotros nosotras	**tenemos** テネーモス
2人称	tú	**tienes** ティエネス	vosotros vosotras	**tenéis** テネーイス
3人称	Ud., él, ella	**tiene** ティエネ	Uds., ellos, ellas	**tienen** ティエネン

tener の活用形では1人称単数で -go という語尾が現れたり，単数2・3人称と複数3人称で語根の母音 -e- が -ie- と変化したりする。繰り返し暗唱練習して完全に覚えてしまおう。

「持つ・所有する」という意味での tener の用法

Tengo muchos amigos. 私にはたくさんの友人がいる。
テンゴ　ムーチョス　アミーゴス

¿**Tienes** dinero? — No, no **tengo** ni un centavo.
ティエネス　ディネーロ　ノ　ノ　テンゴ　ニ　ウン　センターボ

「おまえカネ持ってるか？」「いや，一銭もない」

Pedro **tiene** dos hermanos.
ペドロ　ティエネ　ドス　エルマーノス

ペドロには兄弟が二人いる（三人兄弟である）。

¿Cuántos hijos **tienen** Uds.? — **Tenemos** un hijo y dos hijas.
クワントス　イッホス　ティエネン　ウステーデス　テネーモス　ウン　イッホ　イ　ドス　イッハス

「お子さんは何人いらっしゃいますか？」「私どもには息子が一人と娘が二人おります」

Juanito **tiene** siete años.　ファニートは7歳です。
ホワニート　ティエネ　スィエテ　アーニョス

Hoy **tenemos** examen.　今日，私たちはテストがある。
オイ　テネーモス　エクサーメン

Ud. **tiene** razón.　おっしゃるとおりです。(直訳：あなたは道理を持っている)
ウステッ　ティエネ　ルラソーン

En esta casa no **tenemos** acceso al internet.
エン　エスタ　カーサ　ノ　テネーモス　アクセーソ　アル　インテルネッ

この家では私たちはインターネットを利用できない。(直訳：…インターネットへのアクセスを持っていない)

身体的感覚の表現に用いられる tener

Tengo mucho frío.
テンゴ　ムーチョ　フリーオ

私はとても寒い。(直訳：私はたくさんの寒さを持っている)

Él **tiene** calor.
エル　ティエネ　カロール

彼は暑がっている。(直訳：彼は暑さを持っている)

Tenemos mucha hambre / mucha sed.
テネーモス　ムーチャ　アンブレ　ムーチャ　セッ

私たちはとてもお腹が空いている／とても喉が渇いている。(直訳：私たちはたくさんの空腹／渇きを持っている)

Tengo dolor de cabeza.
テンゴ　ドロール　デ　カベーサ

私は頭痛がする。(直訳：私は頭の痛みを持っている)

Los niños **tienen** sueño.
ロス　ニーニョス　ティエネン　スエーニョ

子供たちは眠たがっている。(直訳：子供たちは眠気を持っている)

[tener que + 動詞原形]「〜しなければならない，〜のはずである」

Tengo que trabajar los domingos.
テンゴ ケ トラバハール ロス ドミンゴス

私は（毎週）日曜日に仕事をしなければなりません。

Ud. **tiene que venir** a la oficina a las dos.
ウステー ティエネ ケ ベニール ア ラ オフィスィーナ ア ラス ドス

あなたは 2 時にオフィスにいらっしゃらなければなりません。

Mañana **tenemos que salir** de casa muy temprano.
マニャーナ テネーモス ケ サリール デ カーサ ムイ テンプラーノ

明日は私たちはとても早く家を出なければならない。

Tienes que ser honesto.
ティエネス ケ セル オネスト

君は正直にならなきゃいけない。（直訳：君は正直であらねばならない）

Tengo muchas cosas **que hacer.**
テンゴ ムーチャス コーサス ケ アセール

私はやるべきことがたくさんある。

A estas horas mis padres **tienen que estar** en casa.
ア エスタス オーラス ミス パドレス ティエネン ケ エスタール エン カーサ

この時間には私の両親は家にいるはずだ。

El tren **tiene que venir** ya.
エル トレン ティエネ ケ ベニール ジャ

その列車はもう来るはずだ。

[tener que + 動詞原形]
は，英語の
[have to + 原形]
と同じように使えるよ。

[hay que + 動詞原形]「(人は) ~しなければならない」

前の課で学んだ haber の活用形 hay を用いても「~しなければならない」という表現ができる。tener que ... は主語を明確にして「(誰それは) ~しなければならない」と表現するのに対し，hay que ... は**「(人は一般に) ~しなければならない」**という，主語を明確にしない無人称的な表現 (→第22課) となる。

Hay que trabajar para vivir.
アイ ケ トラバハール パラ ビビール

(人は) 生きるために働かなければならない。

Tengo que trabajar hasta muy de noche para mantener a mi familia.
テンゴ ケ トラバハール アスタ ムイ デ ノーチェ パラ マンテネール ア ミ ファミーリア

私は家族を養うために夜遅くまで働かなければならない。

Hay que ser sincero. (人は) 誠実であらねばならない。
アイ ケ セル スィンセーロ

En esta tienda **hay que pagar** en efectivo, pues no aceptan tarjetas de crédito.
エン エスタ ティエンダ アイ ケ パガール エン エフェクティーボ プエス ノ アセプタン タルヘータス デ クレーディト

この店では現金で支払わなければならないよ，クレジットカードは受けつけないからね。

tener que ... も hay que ... も，ともに否定文で「~しなくてよい，~する必要はない」という意味になる。

Hoy no **tenemos que ir** al colegio.
オイ ノ テネーモス ケ イル アル コレーヒオ

今日はぼくたちは学校へ行かなくてよい。

No **hay que ir** al colegio en las vacaciones de verano.
ノ アイ ケ イル アル コレーヒオ エン ラス バカスィオーネス デ ベラーノ

夏休みには学校へ行かなくてよい。

No **hay que pagar** la entrada. Es gratuita.
ノ アイ ケ パガール ラ エントラーダ エス グラトゥイータ

入場料を払う必要はありません。無料です。

練習 11

1 tenerを用いて次の和文をスペイン語に訳してみよう。

1. 「彼は家を２軒持っている」

⇨

2. 「君はお腹が空いているかい？」

⇨

3. 「彼らは寒がっている」

⇨

4. 「私には兄弟はいません」

⇨

2 tener que … またはhay que … を用いて次の和文をスペイン語に訳してみよう。

1. 「人生を豊かにするためにはたくさんの本を読まなければならない」
(人生 la vida, 豊かにするために para enriquecer)

⇨

2. 「あなたがたは今日は仕事をしなくてもよい」(今日 hoy)

⇨

3. 「おまえたちは歩いて行かなければならない」(歩いて行く ir a pie)

⇨

4. 「ここではパスポートを提示する必要はない」
(パスポート el pasaporte, 提示する mostrar)

⇨

5. 「社長はオフィスにいるはずだ」(社長 el presidente)

⇨

第14課 動詞へそまがり組の話

語根母音変化動詞の巻

不規則な活用をする動詞は活用パターンを整理しながら覚えていく必要がある。ここでは「語根母音変化動詞」と呼ばれる動詞群を紹介しよう。

語根母音変化とは，語根（動詞の原形から語尾 -ar, -er, -ir を取り去った部分）の母音が，活用形の中で変化することをいう。まず，語根母音 -o- が -ue- に変化する型を見てみよう。

語根母音変化　-o- ➡ -ue-型

		contar コンタール 「数える・語る」	poder ポデール 「〜できる」	morir モリール 「死ぬ」
単数	yo	cuento クエント	puedo プエド	muero ムエロ
	tú	cuentas クエンタス	puedes プエデス	mueres ムエレス
	él, ella, Ud.	cuenta クエンタ	puede プエデ	muere ムエレ
複数	nosotros nosotras	contamos コンターモス	podemos ポデーモス	morimos モリーモス
	vosotros vosotras	contáis コンターイス	podéis ポデーイス	morís モリース
	ellos, ellas, Uds.	cuentan クエンタン	pueden プエデン	mueren ムエレン

語根母音の変化が現れるのは単数１～３人称と複数３人称に限られており，複数１人称と２人称では語根母音は変化しない。これは現在形で語根母音が変化

する動詞にほぼ共通のパターンだ。活用語尾は規則活用（→第５課，第６課）と同じである。

次に，語根母音 **-e-** が **-ie-** に変化する動詞を見てみよう。この型も **-o-** ➡ **-ue-** 型と同様，複数１・２人称に語根母音変化が現れず，また活用語尾は規則活用と同形だ。

語根母音変化　-e- ➡ -ie-型

		pensar ペンサール 「考える」	querer ケレール 「欲する」	mentir メンティール 「うそをつく」
単数	yo	pienso ピエンソ	quiero キエロ	miento ミエント
	tú	piensas ピエンサス	quieres キエレス	mientes ミエンテス
	él, ella, Ud.	piensa ピエンサ	quiere キエレ	miente ミエンテ
複数	nosotros nosotras	pensamos ペンサーモス	queremos ケレーモス	mentimos メンティーモス
	vosotros vosotras	pensáis ペンサーイス	queréis ケレーイス	mentís メンティース
	ellos, ellas, Uds.	piensan ピエンサン	quieren キエレン	mienten ミエンテン

最後は，語根母音 -e- が -i- に変化する動詞だ。この型は -ir 動詞にのみ見られる。これも活用語尾は規則活用と同じだ。

語根母音変化　-e- ➡ -i-型

		pedir ペディール 「たのむ」	seguir セギール 「続ける」	servir セルビール 「奉仕する」
単数	yo	pido ピード	sigo スィーゴ	sirvo スィルボ
	tú	pides ピーデス	sigues スィーゲス	sirves スィルベス
	él, ella, Ud.	pide ピーデ	sigue スィーゲ	sirve スィルベ
複数	nosotros nosotras	pedimos ペディーモス	seguimos セギーモス	servimos セルビーモス
	vosotros vosotras	pedís ペディース	seguís セギース	servís セルビース
	ellos, ellas, Uds.	piden ピーデン	siguen スィーゲン	sirven スィルベン

基本数詞 16～29

16から上の数は，十の位（くらい）と一の位をy「～と」（英: *and*）でつなげた形で表す。たとえば18なら，diez「10」とocho「８」をyでつなげてdiez y ochoとなる。ただし16～19と21～29の数には，実際の発音にならって綴り字を縮めた形（縮約形）が一般に用いられる。

	縮約形	もとの形
16	dieciséis ディエスィセイス	diez y seis
17	diecisiete ディエスィスィエテ	diez y siete
18	dieciocho ディエスィオーチョ	diez y ocho
19	diecinueve ディエスィヌエベ	diez y nueve
20	veinte ベインテ	
21	veintiuno ベインティウーノ	veinte y uno
22	veintidós ベインティドース	veinte y dos
23	veintitrés ベインティトレース	veinte y tres
24	veinticuatro ベインティクワトロ	veinte y cuatro
25	veinticinco ベインティスィンコ	veinte y cinco
26	veintiséis ベインティセイス	veinte y seis
27	veintisiete ベインティスィエテ	veinte y siete
28	veintiocho ベインティオーチョ	veinte y ocho
29	veintinueve ベインティヌエベ	veinte y nueve

練習 12

語根母音が変化する動詞のうち，会話などでよく使われる重要なものを，口に唱えて繰り返し練習し，活用パターンのリズムをつかもう。

① -o- ⇨ -ue-型

encontrar「見つける，出会う」
エンコントラール

encuentro	encuentras	encuentra	encontramos	encontráis	encuentran
エンクエントロ	エンクエントラス	エンクエントラ	エンコントラーモス	エンコントラーイス	エンクエントラン

mostrar「見せる」
モストラール

muestro	muestras	muestra	mostramos	mostráis	muestran
ムエストロ	ムエストラス	ムエストラ	モストラーモス	モストラーイス	ムエストラン

mover「動く」
モベール

muevo	mueves	mueve	movemos	movéis	mueven
ムエボ	ムエベス	ムエベ	モベーモス	モベーイス	ムエベン

probar「試す」
プロバール

pruebo	pruebas	prueba	probamos	probáis	prueban
プルエボ	プルエバス	プルエバ	プロバーモス	プロバーイス	プルエバン

recordar「記憶する，思い出す」
ルレコルダール

recuerdo	recuerdas	recuerda	recordamos	recordáis	recuerdan
ルレクエルド	ルレクエルダス	ルレクエルダ	ルレコルダーモス	ルレコルダーイス	ルレクエルダン

volar「飛ぶ」
ボラール

vuelo	vuelas	vuela	volamos	voláis	vuelan
ブエロ	ブエラス	ブエラ	ボラーモス	ボラーイス	ブエラン

volver「裏返す，帰る，戻る」
ボルベール

vuelvo	vuelves	vuelve	volvemos	volvéis	vuelven
ブエルボ	ブエルベス	ブエルベ	ボルベーモス	ボルベーイス	ブエルベン

② -e- ⇨ -ie-型

cerrar「閉める」
セルラール

cierro	cierras	cierra	cerramos	cerráis	cierran
スイエルロ	スイエルラス	スイエルラ	セルラーモス	セルラーイス	スイエルラン

comenzar「始める」
コメンサール

comienzo	comienzas	comienza	comenzamos	comenzáis	comienzan
コミエンソ	コミエンサス	コミエンサ	コメンサーモス	コメンサーイス	コミエンサン

entender「理解する」
エンテンデール

entiendo	entiendes	entiende	entendemos	entendéis	entienden
エンティエンド	エンティエンデス	エンティエンデ	エンテンデーモス	エンテンデーイス	エンティエンデン

empezar「始める」
エンペサール

empiezo	empiezas	empieza	empezamos	empezáis	empiezan
エンピエーソ	エンピエーサス	エンピエーサ	エンペサーモス	エンペサーイス	エンピエーサン

sentar「座らせる」
センタール

siento	sientas	sienta	sentamos	sentáis	sientan
スィエント	スィエンタス	スィエンタ	センターモス	センターイス	スィエンタン

sentir「感じる」
センティール

siento	sientes	siente	sentimos	sentís	sienten
スィエント	スィエンテス	スィエンテ	センティーモス	センティース	スィエンテン

perder「失う」
ペルデール

pierdo	pierdes	pierde	perdemos	perdéis	pierden
ピエルド	ピエルデス	ピエルデ	ペルデーモス	ペルデーイス	ピエルデン

③ -e- ⇨ -i-型

conseguir「獲得する，入手する」
コンセギール

consigo	consigues	consigue	conseguimos	conseguís	consiguen
コンスィーゴ	コンスィーゲス	コンスィーゲ	コンセギーモス	コンセギース	コンスィーゲン

elegir「選ぶ」　1人称・単数のつづりが elijo となる点に注意。
エレヒール

elijo	eliges	elige	elegimos	elegís	eligen
エリッホ	エリッヘス	エリッヘ	エレヒーモス	エレヒース	エリッヘン

freír「油で揚げる」
フレイール

frío	fríes	fríe	freímos	freís	fríen
フリーオ	フリーエス	フリーエ	フレイーモス	フレイース	フリーエン

reír「笑う」
ルレイール

río	ríes	ríe	reímos	reís	ríen
ルリーオ	ルリーエス	ルリーエ	ルレイーモス	ルレイース	ルリーエン

Track 30

第15課 「デキルこと」と「シタイこと」

poder と querer

スペイン語の初級学習者にとって poder [ポデール] と querer [ケレール] は会話の中で最も重宝する動詞だろう。
poder は別の動詞の原形と組んで「～できる」という意味を表す。querer は単独で「～が欲しい，～を愛する」という意味だが，他の動詞の原形と組むと「～がしたい」という表現になる。
ともに語根母音変化動詞なので活用形は単純ではないが，この２つの動詞をマスターして実際の会話にどんどん応用してみよう。

[poder + 動詞原形] ＝「～できる」

¿**Puedes** venir? — No, no **puedo** salir hoy.
プエデス ベニール ノ ノ プエド サリール オイ

君は来られるかい？――いや，今日は外出できない。

No **puedo** comer más / caminar más.
ノ プエド コメール マス カミナール マス

私はこれ以上食べられません／これ以上歩けません。

やや奥ゆかしさに欠けるが，poder の疑問文を「依頼」や「許可を求める」表現に用いることができる。

¿**Puede** Ud. llamar un taxi?
プエデ ウステッ ジャマール ウン タクスィ

あなたはタクシーを呼ぶことができますか？（＝タクシーを呼んでくれますか？）

¿**Puedo** usar el teléfono?
プエド ウサール エル テレーフォノ

私は電話を使うことができますか？（＝電話を使っていいですか？）

¿**Puedo** entrar?
プエド エントラール

私は入ることができますか？（＝入っていいですか？）

querer「～が欲しい」

¿Quieres más café? — No, gracias.
キエレス マス カフェー ノ グラースィアス

君はもっとコーヒーを欲しいか？（＝もっとコーヒーをどう？）――いや，もう結構。

※「～が欲しい」の表現にはdesear「欲する」もよく使われる。

¿Qué desea? — Un café con leche, por favor.
ケ デセーア ウン カフェー コン レーチェ ポル ファボール

あなたは何がほしいですか？（＝ご注文は？）――カフェ・オ・レをひとつお願いします。

querer は「～を愛する」の意味でも用いられる。

Te **quiero.** 君を愛している。
テ キエロ

[querer＋動詞原形]＝「～がしたい」

Queremos ver esta película. 私たちはこの映画が見たい。
ケレーモス ベール エスタ ペリークラ

Quiero tomar un poco de vino. 私は少しワインが飲みたい。
キエロ トマール ウン ポコ デ ビーノ

Ella **quiere** ver a su novio. 彼女は恋人に会いたがっている。
エージャ キエレ ベール ア ス ノービオ

動詞原形＋目的語の代名詞

目的語の代名詞は動詞原形の末尾につなげることができる。

La quiero ver.
ラ　キエロ　ベール

= Quiero ver**la**.　ぼくは彼女に会いたい。
キエロ　ベールラ

「を格」の代名詞と「に格」の代名詞がともに動詞原形の末尾につながるときは，①「に格」＋②「を格」の順に並べる。活用した動詞の前に代名詞を置く場合と同様，「に格」と「を格」がともに３人称のときは「に格」の **le, les** が **se** に変わる。(→第９課「目的語の代名詞の語順」参照)

¿Puedes llamar**me** otra vez?
プエデス　ジャマールメ　オトラ　ベス

私にもう一度電話してくれる？

Quiero regalar**te** un libro.
キエロ　ルレガラールテ　ウン　リブロ

君に本をプレゼントしたい。

Quiero regalár**telo**.
キエロ　ルレガラールテロ

君にそれをプレゼントしたい。

Queremos contar**le** una gran noticia.
ケレーモス　コンタールレ　ウナ　グラーン　ノティースィア

私たちは彼に大ニュースを話してあげたい。

Queremos contár**sela**.
ケレーモス　コンタールセラ

私たちは彼にそれを話したい。

カタカナ発音はここでおしまいよ

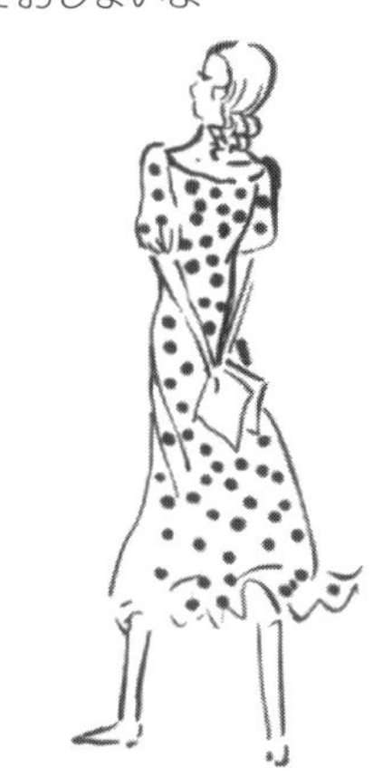

contársela = contar + se + la

代名詞が連結することによって正書法上のアクセントの位置が移動するのを避けるために，動詞原形の語尾の部分にアクセント記号を打つ必要がある。

練習 13

1 スペイン語に訳してみよう。

1. 「私たちはラジオを聞きたい」

　⇨

2. 「君は何が食べたい？」

　⇨

3. 「ぼくはパエージャが食べたい」

　⇨

4. 「あなた方はこの建物に入ることはできません」（入る entrar, 建物 edificio）

　⇨

2 「を格」の目的語を代名詞に変えて動詞原形の後につなげてみよう。

1. Quiero comprarte una bicicleta.

　「私は君に自転車を一台買ってあげたい」

　⇨

2. ¿No quieres contarme la verdad?

　「君はぼくに本当のことを話したくないの？」

　⇨

Track 31

第16課 動詞のデコレーション

副詞

動詞を修飾する言葉としての副詞

副詞の形は変化しない

名詞（体言）を修飾するのが形容詞の仕事なら，**動詞や形容詞（用言）を修飾するのは副詞の仕事**。副詞が別の副詞を修飾することだってある。形容詞は名詞の性・数に合わせて形を変化させるが，**副詞はいかなる場合も形を変化させない無変化語**だ。

-menteのついた副詞

副詞は -mente という語尾を持つものと，そうでないものとに大別される。
-mente は英語の *-ly* と同様，形容詞から副詞を作る語尾だ。性変化する形容詞（男性単数形の語末が -o）は，女性形 -a にして -mente をつなげ，性変化しない形容詞にはそのまま -memte をつなげて副詞を作る。

形容詞			副詞	
claro 明らかな → **clara**		-mente	**claramente**	明確に，はっきりと
fácil 簡単な→			**fácilmente**	容易に

形容詞に-menteがついた副詞では，もとの形容詞のアクセントに加えて-menteの部分にもアクセントがあるため，１つの単語で２か所のアクセントを持つ。

Se ven **claramente** las montañas.
山々がはっきりと見える。(se ve←verse 再帰動詞「見える」)

Los expertos resuelven **fácilmente** el problema.
専門家たちは容易にその問題を解決する。

ただし2つ以上の副詞を並べるときは最後の副詞にだけ**-mente**をつける。

Hay que pronunciar **clara** y **correctamente**.
(× claramente y correctamente)
明瞭かつ正確に発音しなければなりません。

-menteのつかない副詞

形容詞を副詞として用いる場合は**-mente**をつけるのが原則だが，実際の会話などでは形容詞そのままの形で副詞として用いることもある。また**despacio**「ゆっくりと」のようにもともと**-mente**のつかない副詞もある。

En esta carretera los coches corren muy **rápido**. (rápidamenteも可).
この道路では自動車がとても速く走っている。

Chofer, ¿puede conducir más **despacio**, por favor?
運転手さん，もっとゆっくり運転してくれませんか?

形容詞と同じ形のまま用いられる副詞には日常会話などで頻出する基本語も多い。

mucho	[形容詞] 多くの，たくさんの [副　詞] 多く，たくさん
poco	[形容詞] 少しの，～はほとんどない [副　詞] 少ししか～しない，ほとんど～しない
demasiado	[形容詞] あまりにも多くの，過度の [副　詞] あまりにも～すぎる，過度に

［形容詞］Ella come **muchos** dulces.　彼女はたくさんのお菓子を食べる。
［副　詞］Ella come **mucho**.　彼女は大いに食べる。

［形容詞］En la plaza hay **poca** gente.　広場にはほとんど人がいない。
［副　詞］Ella come **poco**.　彼女はほとんど食べない。

［形容詞］Bebes **demasiado** vino.　君はあまりにも多くの酒を飲む。
［副　詞］Bebes **demasiado**.　君は飲み過ぎだ。

注意：un pocoは「少しだけ～する」の意味になる。Comes un poco.「きみは少しだけ食べる」　vinoは「ワイン」を意味するほか，「酒類一般」も表す。beberには自動詞として「飲酒する」の意味もある。

bueno「良い」（形容詞）とbien「良く」（副詞），malo「悪い」（形容詞）とmal「悪く」（副詞）の混同に注意しよう。maloは男性単数名詞の前で語末母音が消えると副詞と同形になるので，区別がむずかしい。

［形容詞］

buen muchacho　好青年（誤bueno muchacho）
mal estado　悪い状態（誤malo estado）

［副　詞］

¿Estás **bien**?　元気かい？
Estoy **mal**.　私は体調が悪い。

bueno
bien
malo
mal
違いを確認しておこうネ。

第17課 ¿何? ¿誰? ¿いくつ? ¿なぜ?

疑問詞・疑問文・感嘆文

疑問詞

疑問代名詞・疑問形容詞・疑問副詞の 3 分類

「何?」,「どんな?」,「なぜ?」などを意味する疑問詞にも，代名詞，形容詞，副詞の区別がある。同形の関係詞（→93～96ページ）と区別するため，疑問詞にはすべてアクセント記号がつけられる。例　疑問詞 quién / 関係詞 quien

疑問代名詞

¿qué?　何？ どれ？ 何者？（英 *what*）
¿quién? ¿quiénes?　誰？（英 *who*）
¿cuál? ¿cuáles?　どれ？ どの人？（英 *which*）
¿cuánto? ¿cuántos? ¿cuánta? ¿cuántas?　いくつ？ 何人？

疑問形容詞

¿qué?　どの？ どんな？（英 *what*）
¿cuánto? ¿cuántos? ¿cuánta? ¿cuántas?
いくつの？どれほどの？（英 *how many*）

疑問副詞

¿cómo?　どのように？ いかに？（英 *how*）
¿cuándo?　いつ？（英 *when*）
¿cuánto?　どれほど？（英 *how much*）
¿dónde?　どこ？（英 *where*）
¿por qué?　なぜ？（英 *why*）

疑問代名詞

¿qué?　何？ 何者？（性・数変化なし）

¿**Qué** es esto?　これは何ですか？
¿De **qué** es la tortilla española? — Es de huevo y patatas.
スペインのトルティージャは何でできていますか？――卵とジャガイモでできています。

¿**Qué** es ella? — Es azafata.

彼女は何（職業）ですか？──フライト・アテンダントです。

¿**Qué** te pasa?　どうしたの？（きみに何が起きているのか？）

¿quién? ¿quiénes?　誰？（数の変化のみ）

¿**Quién** eres? — Soy Pedro. Hermano de José.

きみは誰？──ホセの兄弟のペドロです。

¿Con **quién** vas a la playa? — Voy con mi novia.

誰と海へ行くの？──私の恋人と一緒に行きます。

¿De **quién** estáis hablando? — Estamos hablando de nuestro profesor.

君たちは誰のことを話しているの？──ぼくたちの先生のことを話しているんだ。

（hablar de ~「～について話す」）

¿cuál? ¿cuáles?　どれ？ どの人？（数の変化のみ）

¿**Cuál** es tu nombre? — Mi nombre es Inés.

君の名前は何ていうの？──イネスといいます。

¿**Cuáles** son mis zapatos?　ぼくの靴はどれ？

¿cuánto? ¿cuántos? ¿cuánta? ¿cuántas?　いくつ？ 何人？（性・数ともに変化あり）

¿A **cuántos** estamos?

今日は何日ですか？（私たちはいくつ［の日］にいるか？）

¿**Cuántas** son ellas? — Son quince.

彼女たちは何名ですか？── 15名です。

疑問形容詞

¿qué?　どの？どんな？（性・数変化なし）

¿**Qué** clase de novelas quiere Ud. leer?

どんな種類の小説が読みたいですか？

¿A **qué** hora empieza la próxima función?

次の上映は何時に始まりますか？

（función「上映，上演，興行」）

¿cuánto? ¿cuántos? ¿cuánta? ¿cuántas?　いくつの？どれほどの？
（性・数ともに変化あり）

¿**Cuántos** años tienes? — Tengo veintitrés.

君は歳はいくつ？――23歳です。

¿**Cuántas** alumnas hay en el aula?

教室の中に何人の女生徒がいますか？

疑問副詞（副詞なので性・数変化なし）

¿cómo?　どのように？ いかに？

¿**Cómo** están tus padres? — Están bien.

ご両親はお元気？――元気です。

¿**Cómo** es vuestra profesora? — Es muy simpática.

きみたちの先生はどんな人？――とても感じのいい人です。

¿**Cómo** se va a la estación de RENFE?

国鉄の駅へはどのように行くのでしょうか？

（RENFE = Red Nacional de Ferrocarriles Españoles　スペイン国鉄）

¿**Cómo** se llama Ud.? — Me llamo Isabel Martínez Castro.

お名前は何とおっしゃいますか？――

私はイサベル・マルティネス・カストロと申します。

（se llama ← llamarse 再帰動詞，第24課参照。「～という名前である」。スペイン語の姓名は一般に［洗礼名＋父方の姓＋母方の姓］）

¿cuándo?　いつ？

¿**Cuándo** te levantas? — Me levanto a las ocho.

君はいつ起きるの？――8時に起きます。（se levanta ← levantarse 再帰動詞「起きる」）

¿cuánto?　どれほど？

¿**Cuánto** mides? — Mido un metro setenta centímetros.

きみの身長はいくつ？――身長は1メートル70センチです。

¿**Cuánto** es? / ¿**Cuánto** vale? — Son treinta y cinco pesos.

いくらですか？――35ペソです。

¿**Cuánto** sale todo? — Son doce euros.

全部でいくらになりますか？――12ユーロになります。

¿dónde?　どこ？

¿**Dónde** se encuentra el mostrador de Iberia?

イベリア航空のカウンターはどこにありますか？

（se encuentra ← encontrarse 再帰動詞「（場所に）ある，いる」）

¿De **dónde** eres? — Soy de Montevideo.

きみ出身はどこ？——モンテビデオ出身だ。

¿por qué?　なぜ？

¿**Por qué** no tomas vino? — Porque tengo que conducir el coche después.

どうしてワインを飲まないの？——あとで車を運転しなきゃならないから。

¿por qué?「なぜ？」
porque ...「なぜなら…」
混同しないようにネ。

感嘆文には疑問詞を使う

［¡qué ＋ 名詞!］　なんと～だろう

¡**Qué** niño!　なんて子だい！

［¡qué ＋ 名詞 ＋ más ＋ 形容詞!］　なんと～だろう

¡**Qué** edificios más hermosos!　なんと美しい建物だろう！

［¡cuánto ＋ 名詞!］　なんと多くの～だろう

¡**Cuánta** gente!　なんと多くの人出だろう！

¡**Cuánto** tiempo sin vernos!　久しぶりですね！

（私たちが会うことなくなんと長い時間が経ったことか）

［¡cuánto ＋ 動詞!］　なんと多く～するのだろう

¡**Cuánto** bebes!　お前ずいぶん飲むなあ！

Track 33

第18課 文と文の縁結び

関係詞

文と文とを結びつける機能語

関係詞とは複文の主節と従属節とをつなげる言葉をいう。中でも関係代名詞の que は会話でもひんぱんに出てくる最も基本的な関係詞だ。
疑問詞と関係詞はつづりが類似しているので，区別のため疑問詞にはアクセント符号をつける。**「疑問詞とつづりが同じでアクセント符号がなければ関係詞」**と覚えておこう。

関係代名詞　que

関係代名詞の que は先行詞が人でも事物でも用いることができる。性・数の変化はない。

従属節での主語となる que

Yo conozco a una chica **que** habla cuatro idiomas.
私は 4 か国語を話す女の子を知っている。

従属節での補語となる que

Voy a sacar unas fotos con la cámara digital **que** he comprado hoy.　私が今日買ったデジタルカメラで写真を撮ろう。

定冠詞のついた関係代名詞

定冠詞つきの el que, los que, la que, las que も，先行詞として人・事物いずれも置くことが可能だ。定冠詞を先行詞の名詞の性・数に一致させるので，冠詞の形から先行詞を特定することが容易だ。論理的で緻密な表現が必要なときによく用いられる。

従属節での主語となる定冠詞つきの que

Éste es **un libro** de literatura latinoamericana, **el que** me gusta mucho.
これはラテンアメリカ文学の私の大好きな本です。

Éste es un libro de **literatura latinoamericana, la que** me gusta mucho.
これは私の大好きなラテンアメリカ文学の本です。

従属節での補語となる定冠詞つきのque

Hoy he visto un accidente terrible de **moto**, **la que** conducía un joven.
今日私は，若者の運転するバイクの恐ろしい事故を見た。
（conducía ← conducir 運転する。線過去→第28課）

先行詞なしで，関係代名詞が文全体の主語となる定冠詞つきのque

Los que no tienen impermeable llevan paraguas.
レインコートを持っていない人たちは傘をさしている。

中性定冠詞つきの関係代名詞

関係代名詞queが中性定冠詞loを伴った形であるlo queは，動作の中身など抽象的な内容を表し，「～すること」「～したこと」などと訳される（英語 *what*）。

No entiendo bien **lo que** dices.
きみの言うことがよくわからない。
¿Quieres decirme **lo que** estás pensando?
きみが考えていることをぼくに話してくれる？

関係代名詞　quien, quienes

もっぱら人の先行詞を受ける関係代名詞のquienには単数形quienと複数形quienesがあるが，性の変化はない。

従属節の主語となるquien

Juan se va a casar con una muchacha **quien** trabaja en una emisora de televisión.
ホワンはテレビ局に勤める女性と結婚することになっている。
（se va a casar ← ir a + casarse 再帰動詞「結婚する」→ 119ページ）

従属節の補語となるquien

La chica, **a quien** has conocido hoy, es la ex novia de Sergio.

きみが今日知り合った女の子はセルヒオの前の彼女だ。

注：a quien→quienの示す人が「を格」の目的語となる場合は前置詞aが必要。ex「以前の，旧」。

先行詞を伴わず主語となるquien

Quien no trabaja no come.

働かない者は，食べない。（ことわざ：働かざるもの食うべからず）

前置詞を伴う関係代名詞

関係代名詞のqueやquienはいろいろな前置詞とともに用いられることも多い。

前置詞con　「〜と一緒に」「〜で（手段）」

Esta es la chica **con quien** se va a casar Marco.

この人はマルコが結婚することになっている女性です。

El encendedor, **con que** has encendido el cigarrillo, es de oro.

きみがたばこに火をつけたライターは金でできている。

前置詞de　「〜の」「〜について」

El cantante, **de quien** trata este artículo, es Rubén Blades.

この記事が取りあげている歌手とはルベーン・ブラーデスだ。

El material, **de que** es este diodo, es germanio.

このダイオードが作られる（ところの）物質とは，ゲルマニウムである。

前置詞en　「〜の中に」「〜で（場所，時）」

El piso, **en que** vive mi tío, está en la segunda planta de aquel edificio.

私のおじが住んでいるアパートはあの建物の3階にある。

（関係副詞dondeもen queと同様のはたらきをもつ。segunda planta「第2の階＝日本で言う3階」）

接続詞としてのque

queは「〜と言う」「〜と思う」（英 *that*）などというときに文をつなげる接続詞でもある。

Dicen **que** Guillermo es tacaño.	ギジェルモはケチだそうだ。(→第22課)
Creo **que** sí. / Creo **que** no.	私はそう思う。／私はそう思わない。
Me han dicho **que** es una mentira.	それは嘘だと私は聞いた（皆が私に言う）。(→第22課)

関係副詞　como（方法），cuando（時），donde（場所）

como［方法］

Tienes que tomar las medicinas **como** te ha dicho el doctor.
お医者さんが言った方法できみは薬を飲まなきゃいけない。

「～のように」「として」

Este material es transparente **como** el cristal.
この物質はガラスの**ように**透明です。

Tú me aconsejas **como** mi amigo.
君はぼくの友人としてぼくに忠告する。

接続詞としての como「～なので」「～ように」

Como no funciona el metro por la huelga, voy a la oficina en el autobús.
ストで地下鉄が動いていないので，私はバスで会社へ行く。

Como acabamos de ver, nuestro experimento ha sido un desastre.
すでに見てきたように，我々の実験は惨憺たるものだった。

cuando［時］

Mi madre ya está en la cocina a eso de las siete, **cuando** me levanto.
私が起きる 7 時ごろには，母はもう台所にいる。

donde［場所］

Es Buenos Aires **donde** nació el tango.
タンゴが生まれたところはブエノスアイレスです。
（nació → nacer 点過去「生まれる」）

第19課 続・動詞へそまがり組の話

不規則の親分 ir の巻

スーパー不規則動詞 ir

動詞 **ir**「行く」は不規則のチャンピオンみたいな動詞だ（活用形が原形の姿をとどめていない！）が，会話などで頻出する応用範囲の広い動詞なので，使い方をぜひマスターしておこう。

ir「行く」の現在形活用

1人称	yo	**voy**	nosotros	**vamos**
2人称	tú	**vas**	vosotros	**vais**
3人称	él	**va**	ellos	**van**

¿A dónde **vas**? — **Voy** al baño.
（君は）どこへ行くの？——（私は）トイレへ行きます。

Ellos **van** a Sevilla.
彼らはセビージャへ行く。

Vamos al Museo del Prado.
私たちはプラド美術館へ行く。

Este tren **va** a La Plata.
この列車はラ・プラータへ行きます。
（参考：Este tren es para La Plata.　この列車はラ・プラータ行きです。）

irには，「行く」だけでなく「（物事が）運ぶ，進展する」「〜の状態にある」という意味もある。

¿Cómo **va** su negocio? — Gracias a Dios, **va** muy bien.
ご商売のほうはいかがですか？──おかげさまで，とてもうまくいっています。

¿Cómo te **va**? / ¿Cómo le **va**? — Me **va** bien.
お元気ですか？──元気です。
（¿Cómo está? とほぼ同じ意味の日常的あいさつ）

[ir a＋動詞原形]「〜するだろう，〜するつもりだ」（未来形の代用）

動詞の未来形（→第30課）を知らなくても，この言い方を知っていれば未来の表現ができる。

Te **voy a llamar** esta noche.
今夜，君に電話するよ。

¿Qué **vas a pedir**? — **Voy a pedir** un café solo.
君は何を頼む（つもり）？──ぼくはブラックコーヒーを頼もう。

Ellos **van a venir** mañana.
彼らは明日，来ることになっている。

Va a llover.
雨が降るだろう（降りそうだ）。

1人称複数形［vamos a＋動詞原形］は「さあ〜しよう」という表現になる。

Vamos a bailar.　さあ，踊ろう。

Vamos a comer.　さあ，食べよう。
（Vamos. だけでも間投詞的に「さあさあ」と誘ったり促したりする言葉になる）

現在分詞

英語の *~ing* にあたる現在分詞の多くは，過去分詞を作るときと同じ要領 (→第11課) で動詞原形から簡単に作れる。過去分詞のような性・数の変化はしない。
スペイン語の現在分詞は副詞のように動詞を修飾するはたらきを持つ。英語の「動名詞」のような用法はないので注意しよう。

分類	公式	組み立て方	現在分詞
-ar 動詞	語根 + **-ando**	amar ⇨ **am** + **-ando**	**amando**
-er 動詞	語根 + **-iendo**	comer ⇨ **com** + **-iendo**	**comiendo**
-ir 動詞		vivir ⇨ **viv** + **-iendo**	**viviendo**

不規則な現在分詞も若干ある。

▶ 語根母音変化 e ⇨ i 型

decir ⇨ diciendo, pedir ⇨ pidiendo, seguir ⇨ siguiendo など

▶ 語根母音変化 o ⇨ u 型

dormir ⇨ durmiendo, poder ⇨ pudiendo など

▶ -yendo 型：語根が母音で終わる -ir, -er 動詞（ir「行く」を含む）

ir ⇨ yendo, leer ⇨ leyendo など

現在進行形

現在分詞は estar や ir, seguir などと組んで現在進行形になる。
（ただし，スペイン語では現在形や線過去形も進行中の動作を表すので，英語ほど多く用いられない）

Está lloviendo. / Sigue lloviendo.
雨が降っている／雨が降り続いている。

En el campo de refugiados, la situación sanitaria **va empeorando** de día en día.
難民キャンプでは衛生状態が日増しに悪化しつつある。

練習 14

1 （　）の中にirの現在形を入れ，文を日本語に訳してみよう。

1. ¿A dónde (　　　　) Ud.? — (　　　　) a la Plaza Mayor.
   ⇨
2. ¿A dónde (　　　　) vosotros? — (　　　　) a la universidad.
   ⇨
3. ¿Cómo le (　　　　) su estudio? — Me (　　　　) todo bien.
   ⇨
4. ¿Qué (　　　　) a hacer esta tarde? — Yo (　　　　) a leer.
   ⇨
5. (　　　　) a tomar un descanso.（一人称複数形で）
   ⇨

2 （　）の動詞を現在分詞に変え，文を日本語に訳してみよう。

1. Los niños están (cantar ⇨　　　　　　　　).
   ⇨
2. El ladrón huye (correr ⇨　　　　　　　　).
   ⇨

（ヒント：現在分詞は副詞のように動詞を修飾するはたらきを持つ）

かわいらしさの示小辞

-ito, -ita	viejo, vieja ⇨ viejito, viejita 父さん，母さん ⇨ 父ちゃん，母ちゃん	poco ⇨ poquito ⇨ poquitito 少し ⇨ ちょっと ⇨ ちょびっと
-illo, -illa	cigarro ⇨ cigarrillo 葉巻（シガー） ⇨ 紙巻き（シガレット）	chico, chica ⇨ chiquillo, chiquilla 少年，少女 ⇨ 男の子，女の子
-ico, -ica	momento ⇨ momentico 瞬間 ⇨ ほんのちょっとの間	punta ⇨ puntica 先端 ⇨ 先っちょ

Track 35

第20課 続々・動詞へそまがり組の話

1人称だけ変なヤツの巻

1人称単数で -go の形を持ち，他の人称で語根母音変化（→第14課）などの不規則的要素が加わる動詞がある（→第13課の tener の活用形に類似）。

	venir 来る	decir 言う	oír 聞く
yo	**vengo**	**digo**	**oigo**
tú	vienes	dices	oyes
él	viene	dice	oye
nosotros	venimos	decimos	oímos
vosotros	venís	decís	oís
ellos	vienen	dicen	oyen

（oír は語根母音変化動詞ではないが，綴り字に y が現れる点に注意）

次のような動詞も-go という形の特殊な一人称単数形を持つが，他の人称の活用形は規則的（→第6課）だ。

	hacer 作る	poner 置く	salir 出る	traer 持ってくる
yo	**hago**	**pongo**	**salgo**	**traigo**
tú	haces	pones	sales	traes
él	hace	pone	sale	trae
	⋮	⋮	⋮	⋮

語尾が -cer, -ucir の形の動詞には1人称単数で -zco の形になるものが多いが，それ以外の人称では規則的に活用する。

	conocer 知る	ofrecer 提供する	parecer …のように思われる
yo	**conozco**	**ofrezco**	**parezco**
tú	conoces	ofreces	pareces
él	conoce	ofrece	parece
	⋮	⋮	⋮

同様の活用をする動詞にはagradecer「感謝する」, crecer「育つ」, nacer「生まれる」, obedecer「従う」, producir「生産する」, traducir「翻訳する」などがある。

saber「知る」, ver「見る」, dar「与える」なども１人称単数で特殊な活用形が現れるが, それ以外の人称では規則的な活用をする。

	saber 知る	ver 見る	dar 与える
yo	**sé**	**veo**	**doy**
tú	sabes	ves	das
él	sabe	ve	da
nosotros	sabemos	vemos	damos
vosotros	sabéis	veis	dais
ellos	saben	ven	dan

parecerでよく使われる３人称単数形parece (que)…「～のように思われる, ～のように見える」の用法をマスターしよう。

Parece que va a llover. 雨が降ってきそうだ。

Me **parece que** tu mamá está enfadada.

君のママは怒っているようにぼくには見える。

¿Qué te **parece**? — Me **parece** bien.

君はどう思う？――いいと思うよ。

Si te **parece**, vamos a tomar una copa.

もし良ければ, 一杯やろうよ。

（↑ bienなどの語がなくても「もし君に良いと思われるなら…」の意味になる）

conocer「知る」とsaber「知る」の違い

conocerとsaberはともに日本語では「知る」と訳されるが，conocerは「(実体験として）知っている」，saberは「(知識・技能として）知っている」という意味だ。

¿**Conoce** Ud. a mi nieta? — Sí, la **conozco**.
私の孫娘を知っていますか？――はい，知っています。(面識がある)

¿**Conoces** la ciudad de Monte Video? — No, no la **conozco**.
Sobre Monte Video sólo **sé** que es la capital de Uruguay.
モンテビデオの街を知ってる？（＝実際に行ったことがあるか？）――
いや，知らない（＝行ったことがない)。モンテビデオについては，それがウルグアイの首都だということだけしか知らない。

No **sé** nadar.　　私は泳ぎ方を知らない。

hacerの3人称単数形

・**天候に関する表現**　[hacerの３人称単数形＋天候の名詞]

Hoy **hace** frío / calor.　　今日は寒い／暑い。

Hoy **hace** buen tiempo / mal tiempo.　今日は天気がよい／天気が悪い。

Hoy **hace** sol / aire.　　今日は日が照っている／風がある。

(→第13課の「身体的感覚の表現に用いられるtener」との違いを確認しておこう)

・**時間の経過に関する表現**　[hacerの３人称単数形＋時間の名詞（＋que...)]

Hace una semana que visité Taiwán.　一週間前に私は台湾を訪れた。
= Visité Taiwán **hace** una semana.
(visité ← visitar「訪れる」の点過去→第26課)

Estudio español desde **hace** un año.
私は１年前からスペイン語を勉強している。

練習 15

■1 文意に合わせてsaberまたはconocerの活用形を（　）の中に入れてみよう。

1. Nosotros no (　　　　　) a su padre.
   私たちはあなたのお父さんを知りません。（面識がない）

2. Yo (　　　　　) que su padre es un pintor famoso.
   私はあなたのお父さんが有名な画家だということを知っています。

3. Ella (　　　　　) el mundo político.
   彼女は政治の世界を知っている。

4. Nosotros no (　　　　　) manejar.（manejar：「（車を）運転する」= conducir）
   私たちは車の運転のしかたを知りません。

■2 この課で学んだ動詞の中から文意に合うものを活用させて（　　）の中に入れてみよう。

1. (　　　　　) de casa muy temprano esta mañana.
   私は今朝はとても早く家を出る。

2. La camarera me (　　　　　) un cenicero.
   ウェイトレスは私に灰皿を持ってくる。

3. Me (　　　　　) que no es verdad.
   私にはそれは本当のことではないと思われる。

4. En Okinawa no (　　　　　) mucho frío aun en invierno.
   沖縄では冬でもそれほど寒くない。

第21課 「なんかある？」「な〜んにもない」

不定語と否定語

「何か」＝不定語　「何もない」＝否定語

不特定の「何か」「誰か」などを表す語を不定語といい，語自体が否定的意味を持つ「何も〜ない」「誰も〜ない」などの語を否定語という。品詞ごとに意味の似かよった不定語と否定語をペアーで覚えておこう。

	不定語			否定語	
代名詞	algo	何か	⇔	nada	何も〜ない
	alguien	誰か	⇔	nadie	誰も〜ない
形容詞	alguno	何らかの	⇔	ninguno	何の〜もない
接続詞	y	〜と	⇔	ni	〜も〜もない
	o	または	⇔	sino	〜ではなくて〜である
副　詞	siempre	つねに	⇔	nunca	けっして〜ない
	también	〜もまた	⇔	tampoco	〜もまた〜でない

代名詞（性・数の変化なし）

algo［何か］⇔ nada［何も〜ない］

¿Hay algo para beber? — No, no hay nada para beber.
何か飲む物あるか？——いや，飲む物は何もない。
¿Sabes algo de mi hermana? — No, no sé nada de ella.
私の姉について何か知ってる？——いいえ，彼女のことは何も知らない。
¿Algo más? — Nada más.
（買い物で）　店員「他に何か（ご入り用ですか）？」——客「いいえ，もう何も。」

副詞としての algo, nada

Quiero tomar algo caliente.　私は何か温かいものが飲みたい。
Eso no es nada importante.　そのことはまったく重要なことではない。

形容詞（性・数の変化あり）

alguno［何らかの］⇔ ninguno［何の〜もない］

alguno, ninguno とも，男性単数名詞の前で語末の母音-o が消えて algún, ningún となることに注意しよう。

¿Tienes **alguna** duda? — No, no tengo **ninguna** duda.
何か疑問があるかい？――いや，何も疑問はないよ。

¿Tienes **alguna** idea para este fin de semana? — No, no tengo **ninguna** idea.
この週末，何か計画があるかい？――いや，何も計画はないよ。
注：idea「考え，思いつき，アイデア」

¿Hay **algún** problema? — No, no hay **ningún** problema.
何か問題がありますか？――いいえ，まったく問題ありません。

代名詞（性・数変化なし）

alguien［誰か］⇔ nadie［誰も〜ない］

¿Ha visitado **alguien** la oficina? — No, no ha visitado **nadie**. / No, **nadie** ha visitado.
誰かが事務所を訪ねてきましたか？――いいえ，誰も訪ねてきませんでした。

No me lo ha dicho **nadie**. / **Nadie** me lo ha dicho.
誰も私にそのことを言いませんでした。
注：動詞の後ろに nadie を置く場合は否定語 no が動詞の前に必要。動詞の前に nadie を置く場合は no は不要。

「〜の中の誰も〜ない」という場合は，nadie ではなく ninguno を用いることに注意。
Ninguno de la clase me lo ha dicho.
クラスの中の誰もそのことを私に言いませんでした。

y［〜と，そして］

Tomamos chocolate **y** unos churros.
私たちはココアとチュロスをいくつか食べた。

語頭が i- または hi- の単語が接続詞 y の直後に続くときは，y の代わりに e を用いる（同じ母音が連続して単語の切れ目が曖昧になるのを避けるため）。

Miguel aprende francés **e** inglés.
ミゲルはフランス語と英語を習っている。

o［または］⇔ ni［〜も〜もない］，sino［〜ではなくて〜である］

¿Qué quieres tomar, café **o** té?
コーヒーと紅茶，どっちが飲みたい？

No, gracias. No quiero tomar café **ni** té, **sino** algo frío, si es posible.
いいえ，けっこうです。コーヒーも紅茶も飲みたくない。できれば何か冷たいものが飲みたい。

ni は否定を強調するときにも用いられる。

¿Tienes **alguna** idea acerca de este asunto? — ¡**Ni** idea!
この件について何か心当たりはある？――いや，何も知らないよ！

No me queda ni un centavo.
ぼくには一銭も残っていない。

注：centavo は通貨単位の 100 分の 1 で，おもにラテンアメリカでペソなどの補助単位として用いる。スペインでは euro の補助単位を céntimo と言う。

siempre［つねに］⇔ nunca［けっして〜ない，一度も〜ない］

Él **nunca** toma café con azúcar. **Siempre** toma café solo.
彼はけっして砂糖入りのコーヒーを飲まない。いつもブラックコーヒーを飲む。

No me han dicho **nunca** tal cosa. / **Nunca** me han dicho tal cosa.
そんなこと，みんなはけっして私に言ってなかった。
注：動詞の前に nunca を置く場合は，否定語 no は不要。nunca の代わりに jamás も用いられる。me han dicho「（みんなは）私に言った」の主語は不特定の３人称複数。

No nos veremos **jamás**. / **Jamás** nos veremos.
ぼくたちはもう二度と会うことはないだろう。

siempre を用いるその他の表現

Terminada la clase, vamos a cenar en el restaurante **de siempre**.
授業が終わったら，いつものレストランで夕食にしよう。

Estaremos juntos **para siempre**.
私たちはいつまでも一緒にいようね。

también［〜もまた］⇔ tampoco［〜もまた〜でない］

Ya tengo que irme. — Yo **también** (tengo que irme).
もう行かなきゃ。――私も（行かなきゃ）。
注：irme ← irse「立ち去る，帰る」強意の再帰動詞→ 120 ページ

Hoy no tengo tiempo. — Yo **tampoco** (lo tengo).
今日，私は時間がない。――私も（時間がない）。
注：tampoco を動詞の後ろに置く場合は，動詞の直前に否定語 no が必要→ Yo no lo tengo tampoco.

Track 37

第22課 責任者、出てこい！

無人称表現は無責任表現？

「無人称」とは，「主語（行為者）をはっきり示さない」ということ。天候や時間に関する表現をはじめ，スペイン語にはさまざまな無人称表現がある。

llover「雨が降る」，**nevar**「雪が降る」，**amanecer**「夜が明ける」，**atardecer**「日が暮れる」，**anochecer**「夜になる」など，天候や自然現象を表す動詞には単人称動詞（一般に３人称単数形にしか活用しない動詞）が多い。英語の仮主語（=*it*）のようなものはなく，主語ナシで動詞だけが３人称単数形となる。

Hoy **llueve / nieva** mucho.　今日は雨／雪がたくさん降っている。

En verano **atardece** después de las nueve.
夏には９時以降に日が暮れる。（サマータイム期間中のスペインでは夜になるのは10時ごろ）

他の動詞と組み合わせる場合も主語ナシの３人称単数形を用いる。

Va a llover.　雨が降ってくるだろう。

Empieza a amanecer.　夜が明け始める。

第20課で紹介したhacerによる天候の表現も「無人称表現」のひとつ。

[serの３人称単数形＋形容詞＋動詞原形]「～することは～だ」

英語の［*It is*＋形容詞＋*to*不定詞］に近いが，これも仮主語は用いない。

Es difícil dejar de fumar.　たばこをやめることはむずかしい。

No **es fácil** dominar idiomas extranjeros.
外国語をマスターすることは容易ではない。

（［serの３人称単数形＋形容詞＋que ...］は第33課参照）

hay ~「～がある，いる」も，じつは無人称表現

「～がある，いる」という意味の **hay ~**（→70ページ）も，他動詞**haber**の３人称単数形を用いた無人称表現だ。文法的には，意味上の主語は**haber**の直接目的語なので，意味上の主語の数にかかわりなく**haber**は３人称単数形**hay**以外の形に変化しない。

Hay muchos edificios modernos en el centro de la ciudad.

街の中心部には多くの現代的な建物がある。

（同様に，**hay que ...**「（人は一般に）～しなければならない」（→75ページ）も無人称表現のひとつ）

121ページの「再帰動詞を用いた受け身」も無人称表現のひとつ。スペイン語には主語をぼかす表現が多いのよ。

3人称複数形による無人称表現

明確な主語を示さず，３人称複数形で「人々は…」という意味を表す言い方だ。

En esta feria **venden** varias cosas de segunda mano.

この市（いち）ではいろいろな中古品を売っている。

En aquella tienda no **aceptan** tarjetas de crédito.

あそこの店ではクレジットカードを扱わない。

Me **han dicho** que el profesor López no va a venir hoy.

ロペス先生は今日は来ないと聞きました（＝～とみんなが言っていた）。

Dicen que Felipe es muy tacaño.

フェリーペはすごいしみったれだそうだ（＝～とみんなは言う）。

時刻の言い方も無人称表現のひとつ

[ser + 女性定冠詞（la, las）+数詞]

（「〈...la / las +数〉は時刻」と覚えておこう）

¿Qué hora es? — **Es la una. / Son las nueve.**

いま何時ですか？── 1時です／9時です。

（「1時」のときは単数，それ以外の時刻は複数としてあつかわれる。serが現在形なら「いま○時です」の意味になる）

時刻の後にyを続ければ「〜分過ぎ」，menosを続ければ「〜分前」の意味になる。

Son las cinco **y / menos** diez.

いま5時10分過ぎ／前です。

Son las tres **y** media.

いま3時半です。

（media「（1時間の）半分」＝30分）

Son las cuatro **y / menos** cuarto.

いま4時15分過ぎ／前です。

（cuarto「（1時間の）4分の1」＝15分）

（cuatro「4」とcuarto「1/4」を混同しないように！）

「〜時に」は前置詞 a を用いて a la una, a las dos, ...「1時に」「2時に」…となる。

Te voy a llamar **a las siete**.

7時**に**君に電話するよ。

Track 38

年号の言い方

西暦年号は英語のように2桁ずつに区切らず，日本語と同様にすべての位を順に言う（年号であることをとくに明記するときはel añoをつける）。

(el año) mil cuatrocientos noventa y dos　1492年

(el año) mil novecientos ochenta　1980年

(el año) dos mil diez　2010年

Mi madre nació el dieciséis de junio de mil novecientos sesenta y uno.

「私の母は1961年6月16日に生まれました」

練習 16

1 次の和文をスペイン語に訳してみよう。

1. 「雪が降ってくるだろう」

⇨

2. 「この季節には5時ごろ夜が明ける」（単語：この季節 esta época, ～ごろ hacia）

⇨

3. 「おろか者をだますのはたやすいことだ」（単語：おろか者 un tonto, だます engañar）

⇨

4. 「スペインでは夏はとても暑いと聞きました」（→103ページを参照）

⇨

2 時計が示している時刻をスペイン語で言ってみよう。

1. ¿Qué hora es? ⇨

2. ¿Qué hora es? ⇨

3. ¿Qué hora es? ⇨

Track 39

第23課 主客転倒してますね

向き違いの動詞

「～は～を好む（～が好きだ）」というときは，自動詞gustarを使う。

Me gusta el tango argentino.
私はアルゼンチン・タンゴが好きです。

上の例文では，「私」（好む主体＝意味上の主語）は「に格」の目的語meで表され，一方 el tango argentino「アルゼンチン・タンゴ」（＝好まれる対象）は動詞gustar の主語になっている。直訳すれば「アルゼンチン・タンゴは私に気に入られる」という感じだ。

gustarを用いた文では「好まれる対象」が主語となるので，その対象が事物であれば gustar はいつも３人称の活用形になる。

¿**Te gusta** el vino chileno? — Sí, **me gusta** mucho.
君はチリのワインが好き？――はい，とても好きです。

¿Qué tipo de películas **os gustan**?
君たちはどんな映画が好きですか？

Nos gustan las películas francesas de la década de los años 60.
私たちは60年代のフランス映画が好きです。（60 = sesenta）

¿Cuál **le gusta** más a Ud., el paraguas verde o el azul?
緑色の傘と青色のとでは，どちらがお好きですか？

動詞の原形は文法上，３人称単数の主語として扱われる。

Me gusta leer. 私は読書が好きだ。

Te gusta comer. 君は食べることが好きだ。

Le gusta estudiar. 彼（彼女，あなた）は勉強が好きだ。

Nos gusta conducir. 私たちは運転が好きだ。

Os gusta nadar. 君たちは泳ぐことが好きだ。

Les gusta beber. 彼ら（彼女ら，あなた方）は（酒を）飲むことが好きだ。

好まれる対象が人の場合は，gustar は相手の人称に従って活用する。

Me **gustas tú**.
私は君が好きだ。（＝君は私に気に入られる）

「に格」の代名詞の強調形

３人称の le，les を具体的に示す場合や，「私に」「きみに」などを特に強調したいときには，次のような強調形の代名詞が用いらる。
ただし，強調形に特有の形は１人称単数の a mí「私に」と２人称単数の a ti「きみに」に限られ，その他の人称では前置詞 a のついた主格代名詞の形になる。

「に格」の強調形		単数		複数
１人称	私に	**a mí**	私たちに	**a nosotros /-as**
２人称	君に	**a ti**	君たちに	**a vosotros / -as**
	彼に	**a él**	彼らに	**a ellos**
３人称	彼女に	**a ella**	彼女らに	**a ellas**
	あなたに	**a Ud.**	あなた方に	**a Uds.**

強調形の mí と所有形容詞の mi「私の」とはアクセント符号の有無で区別される。一方，ti にはアクセント符号がつかない。これらを混同しないように注意しよう。
意味上の主語が誰なのかを明示したり，強調したりするときは，前置詞 a とと

もに「に格」の代名詞の前に置く。

A Ud. no **le** gusta este actor.
あなたはこの役者が好きではない。

A mi padre le gusta fumar, pero **a mi madre**, no.
私の父はたばこを吸うのが好きですが，母はそうではありません（＝好きではありません）。

Aunque todos dicen que Paula es poco simpática, **a mí me** gusta ella.
パウラは気だてがよくないとみんなは言うけれど，私としては彼女が好きだ。

また，これらの代名詞の形は**前置詞格代名詞**とも呼ばれ，前置詞aに限らず，前置詞の後に置かれる人称代名詞はいつでもこの形になる。

Aquí tengo un regalito **para ti**. きみにささやかなプレゼントがあるんだ。
直訳「私はきみのための小さなプレゼントをここに持っている」

ただし，前置詞con「〜とともに」の後にmíとtiが来るときは，conmigo「私とともに」，contigo「きみとともに」という特別な形になる。

¿Quieres venir **conmigo**? — Sí, voy **contigo**.
ぼくと一緒に来たい？——うん，きみと一緒に行くよ。

向き違いの動詞

gustarのように，意味上の主語が動詞の間接目的語となり，意味上の目的語を主語にとる動詞を**向き違いの動詞**という。よく使われる向き違いの動詞には次のようなものがある。

molestar「〜が迷惑である」，**importar**「〜が気になる」

Si le **molesta** el humo del tabaco, voy a abrir la ventana. — Tranquilo, señor. No me **importa** nada.
もしたばこの煙がご迷惑なら，窓を開けましょう。——ご心配なく。ぜんぜん気になりません。

No **importa**. かまいません。（間接目的語を明示しない用法）

faltar「〜にとって欠けている，不足している，必要である」

Me **falta** tiempo para leer.
私には読書するための時間が足りない。

A Miguel le **faltan** cincuenta dólares.
ミゲルは50ドル必要だ（50ドル足りない）。

¿Qué te **falta**?
君は何が必要なの？

Faltan cinco horas para llegar a Lima.
リマに到着するまであと5時間ある。

encantar「〜を魅了する」（他動詞）

Me **encantan** los dulces japoneses.
私は和菓子が大好きです。

parecer「〜のようである，〜らしい」（自動詞）

Parece bueno.
それはよさそうだ。

Este programa **parece** bastante interesante.
この番組はかなり面白そうだ。

Me **parece** que ella miente.
彼女は嘘をついているように私には思える。

Parece que va a llover.
雨が降ってきそうな気配だ。

¿Qué te **parece** si tomamos una copa?
一杯やるってのはどうだい？（勧誘の表現）

練習 17

■1 「に格」の代名詞を［　］に，gustarの適切な活用形を（　）に書き入れよう。

1. A mi hermana [　　] (　　　) esas novelas.

   私の姉（妹）はそれらの小説が好きです。

2. No [　　] (　　　) los políticos.

   私は政治家が嫌いです。

3. ¿Qué programa de televisión [　　] (　　　) a Ud.? — [　　] (　　　) la telenovela.

   「どんなテレビ番組がお好きですか？」「連続テレビ小説が好きです」

4. ¿[　　] (　　　) el helado? — Sí, [　　] (　　　) mucho.

   「君たちはアイスクリームが好きか？」「はい，とっても」

■2 和文の意味になるよう，単語を並べ替えてスペイン語に訳してみよう。ただし原形で示された動詞は適切な形に活用させること。

1. 「私は自動車がたてる騒音がとても気になります」

   [hacer] [molestar] [el ruido] [los automóviles] [me] [mucho] [que]

2. 「私たちはスペインの食べ物が大好きです」

   [la comida] [encantar] [española] [nos]

第24課 天を仰ぎて唾するが如し

自分の行為が自分に返る再帰動詞

再帰動詞って，何？

自分の行為が自分自身にはね返ってくる動作を示す動詞を「再帰動詞」という。

1. Roberto lava su coche.　ロベルトは彼の車を洗う。
⇨ Roberto lo lava.　ロベルトはそれを洗う。（lo = su coche）

2. Roberto **se** lava.　ロベルトは自分の体を洗う。

他動詞 lavar「洗う」を用いた 1. の文では主語 Roberto の行為が目的語 su coche「彼の車」に向けられているが，再帰動詞 lavarse を用いた 2.の文では主語の行為が主語自身（＝se）に向かっている。

原形 **lavarse**

	単数			複数		
1人称	yo	**me**	lavo	nosotros	**nos**	lavamos
2人称	tú	**te**	lavas	vosotros	**os**	laváis
3人称	él	**se**	lava	ellos	**se**	lavan

再帰動詞の原形（＝不定詞）は主語自身を示す再帰代名詞 se を従えている。再帰動詞が人称変化すると，同時に再帰代名詞も形を変え，動詞本体の前に出てくる。

（第９課の「に格」の代名詞と再帰代名詞との共通点・相違点を確認しておこう）

再帰動詞は他動詞を自動詞化する

再帰動詞には自動詞の不足を補う役目がある。スペイン語には，たとえば levantar「起き上がらせる」という他動詞はあっても，「起き上がる」という自動詞がない。そこで再帰動詞 levantarse「自分自身を起き上がらせる」を用いて「起き上がる」という自動詞的な動作を表現するわけだ。

¿A qué hora **se levantan**? — **Nos levantamos** a las siete.
あなたがたは何時に起きますか？——私たちは7時に起きます。

acostar	横たわらせる	⇨	**acostarse**	横たわる（寝る）
afeitar	剃る	⇨	**afeitarse**	（自分の）ひげを剃る
bañar	入浴させる	⇨	**bañarse**	入浴する
casar	結婚させる	⇨	**casarse**	結婚する
duchar	シャワーを浴びせる	⇨	**ducharse**	シャワーを浴びる
llamar	呼ぶ	⇨	**llamarse**	…という名前である（自分自身を…と呼ぶ）
sentar	座らせる	⇨	**sentarse**	座る

Después de **levantarnos**, **nos afeitamos** y **nos duchamos**.
起きた後，私たちはひげを剃り，シャワーを浴びる。
（再帰動詞の不定詞は，動詞は原形のままで再帰代名詞だけが活用する）

¿Cómo **se llama** Ud.? — **Me llamo** Ángel.
お名前は何とおっしゃいますか？——私はアンヘルと申します。

Yo quiero **casarme** contigo, Juanita.
ぼくは君と結婚したいよ，フアニータ。

「自分の体（の一部）に～する」「着る，身につける」などの表現に用いられる再帰動詞では，再帰代名詞は「自分自身に対して」という「に格」の代名詞の意味を持つ。

Nosotros **nos lavamos** las manos.
私たちは手を洗う。

Él **se pone** el poncho.
彼はポンチョを着る。

Yo **me quito** los zapatos.
私は靴を脱ぐ。

再帰動詞は「お互いに…する」という相互の動作の表現にも用いられる。

Mis padres **se aman** profundamente.
私の両親は深く愛し合っている。
(「相互の動作」なので主語は複数のみ)

強調の再帰動詞

動詞の語意を強調するために再帰動詞の形が用いられる。他動詞だけでなく，自動詞も再帰代名詞をともなうと動作が強調・誇張される。

beber	飲む	⇨	beber**se**	飲み干す
comer	食べる	⇨	comer**se**	たいらげる
ir	行く	⇨	ir**se**	立ち去る，行ってしまう
morir	死ぬ	⇨	morir**se**	(誇張) 死にそうになる

El borrachín **se ha bebido** una botella entera de güisqui.
あの飲んべえはウィスキーまるまる一本飲み干しちゃった。

Ya **me voy**.
もう帰るよ。

Me muero de hambre.
腹が減って死にそうだ。

ただ「飲む」んじゃなくて「飲み干す」は？

基本数詞 30～99

30以上の数には縮約形がなく，すべて十の位と一の位を y「～と」でつなげた形で表す。一の位が「1」の数（31, 41, ...）の後に名詞が続くときは，unoは不定冠詞と同じ形un, unaとなる。

30	treinta	トレインタ
31	treinta y uno	トレインタ イ ウノ
32	treinta y dos	トレインタ イ ドス
35	treinta y cinco	トレインタ イ スィンコ
39	treinta y nueve	トレインタ イ ヌエベ
40	cuarenta	クワレンタ
50	cincuenta	スィンクエンタ
60	sesenta	セセンタ
70	setenta	セテンタ
80	ochenta	オチェンタ
90	noventa	ノベンタ
99	noventa y nueve	ノベンタ イ ヌエベ
31日	treinta y un días	トレインタ イ ウン ディアス
41時間	cuarenta y una horas	クワレンタ イ ウナ オーラス

Track
42

再帰動詞を用いた受け身の表現

他動詞の目的語（物）が再帰動詞の主語となって，「…される」という受け身の表現として用いられる。行為の主体を明示しないので，無人称的な表現となる。

¿Qué idioma **se habla** en Nueva Zelanda? — **Se habla** inglés.
ニュージーランドでは何語が話されていますか？——英語が話されています。

¿Cómo **se dice** “beer” en español? — **Se dice** “cerveza”.
スペイン語では『ビール』を何と言いますか？——『cerveza』と言います。

A la derecha **se ve** el monte Aconcagua.
右手にアコンカグア山が見えます。

En Chile **se comen** variados mariscos muy ricos.
チリではとてもおいしい様々な海産物が食べられている。

Se dice que no **se puede** vivir en Marte, porque allí no **se tiene** suficiente oxígeno.
火星では生きることはできないと言われている。なぜならあそこには十分な酸素がないから。

第22課の無人称表現も参照して，スペイン語に独特な“主語を明確にしない表現”のニュアンスをつかもう。

練習 18

■1 主語に応じて［　］の再帰動詞を活用させ，日本語に訳してみよう。

1. Vosotros (　　　　). [afeitarse]

和訳 ⇨ ＿＿＿＿＿＿＿＿＿＿＿＿＿＿＿＿

2. Uds. (　　　　) todos los días. [bañarse]

和訳 ⇨ ＿＿＿＿＿＿＿＿＿＿＿＿＿＿＿＿

3. Tú (　　　　) con tu novio. [casarse]

和訳 ⇨ ＿＿＿＿＿＿＿＿＿＿＿＿＿＿＿＿

4. Nosotros (　　　　) a las once. [acostarse]（ヒント：acostarse は -o- ⇨ -ue-型の語根母音変化動詞→第 14 課）

和訳 ⇨ ＿＿＿＿＿＿＿＿＿＿＿＿＿＿＿＿

■2 次の日本語をスペイン語に訳してみよう。

1. 「窓から月が見える」（単語：窓から por la ventana, 月 la luna）

⇨ ＿＿＿＿＿＿＿＿＿＿＿＿＿＿＿＿

2. 「カタルーニャではカタルーニャ語が話されている」
（単語：カタルーニャ Cataluña, カタルーニャ語 catalán）

⇨ ＿＿＿＿＿＿＿＿＿＿＿＿＿＿＿＿

3. 「今日は寒いから，マフラーと手袋をつけよう」
（単語：マフラー bufanda, 手袋 guantes, 今日は寒い→第 20 課参照）

⇨ ＿＿＿＿＿＿＿＿＿＿＿＿＿＿＿＿

第25課 あの子と私と，どっちがキレイ？

比較の表現

スペイン語では原則として，形容詞の比較級や最上級を **más** や **menos** などの語と形容詞とを組み合わせて表現する。特別なものをのぞき，英語の形容詞 *big* → *bigger* → *biggest* のような語形変化がない。

形容詞の 3 種類の比較級

優等比較級	**más ~ que ...**	…より～だ	（英 *more ~ than ...*）
同等比較級	**tan ~ como ...**	…と同じぐらい～だ	（英 *as ~ as ...*）
劣等比較級	**menos ~ que ...**	…より～でない	（英 *less ~ than ...*）

*ここでは que は英語の than に相当する。

優等比較

Catalina es **más** guapa **que** yo.
カタリーナは私より美人だ。

同等比較

Yo soy **tan** gordo **como** tú.
ぼくはきみと同じぐらい太っている。

劣等比較

Yo soy **menos** alto **que** Catalina.　ぼくはカタリーナより背が高くない。
＝ Yo soy **más** bajo **que** Catalina.　ぼくはカタリーナより背が低い。

具体的な数値や数量を比較する文では，**que** のかわりに **de** を用いる。

Tokio tiene **más de** diez millones de habitantes.
東京は 1000 万人以上の人口を持つ。

*比較級・最上級でも形容詞本体は性・数変化をすることに注意。

最上級

優等最上級	**定冠詞（+名詞）+ más ~ de ...**	…の中で最も～だ
劣等最上級	**定冠詞（+名詞）+ menos ~ de ...**	…の中で最も～でない

優等最上級

Catalina es **la más** aplicada **de** la clase.
カタリーナはクラスで最も勤勉だ。

Jorge es **el alumno más** aplicado **de** la clase.
ホルへはクラスで最も勤勉な生徒だ。

劣等最上級

Yo soy **el menos** alto **de** la familia.　ぼくは家族の中で最も背が高くない。
＝ Yo soy **el más** bajo **de** la familia.　ぼくは家族の中で最も背が低い。

特別な比較級・最上級の形を持つ形容詞

原級		比較級	
bueno	良い	**mejor**	（× más bueno）
malo	悪い	**peor**	（× más malo）

Este vino es **mejor / peor que** aquél.
このワインはあのワインよりも良い／悪い。

Este vino es **el mejor de** la casa.
このワインは店で一番上等なものです。

*mejor, peor には性の区別がない（複数形は mejores, peores） casa には「家」だけでなく「飲食店」「会社」などの意味もある。

原級		比較級
grande	大きい	**mayor**
pequeño	小さい	**menor**

mayor は「年長」，menor は「年少」の意味でよく用いられる。

Soy **mayor / menor** que tú.　ぼくは君よりも年上／年下だ。

Rosita es mi hermana **mayor / menor**.　ロシータは私の姉／妹です。

*mayor, menor には性の区別がない（複数形は mayores, menores）

物理的な大きさ・広さなどの比較には **más grande / más pequeño** が用いられる。

China es **más grande que** Japón.　中国は日本よりも大きい。

絶対最上級　–ísimo「きわめて〜だ」

他との比較ではなく，その程度がきわめて高いことを表す語形。日本語の「超〜」と似たニュアンスを持つ。

母音で終わる形容詞は母音を取って -ísimo をつなげる。

mucho「大きい」→ **muchísimo**「きわめて多くの」

子音で終わるものはそのまま -ísimo をつなげる。

difícil「難しい」→ **dificilísimo**「きわめて難しい」

* 通常の形容詞と同様，語尾の性・数変化がある。

Recibimos **muchísimas** cartas.　私たちはすごく沢山の手紙を受け取る。

Este gazpacho está **riquísimo**.　このガスパーチョは超おいしい。

（*rico「おいしい」→ riquísimo）

練習 19

1 （　　）の中に一語ずつ入れて文を完成させてみよう。

1. 私の姉たちは私より背が高い。

   Mis hermanas mayores son（　　　）（　　　）（　　　）yo.

2. 私は，私の祖父と同じぐらいお金を持っている。

   Tengo（　　　）dinero（　　　）mi abuelo.

3. 私の祖父母は80歳を超えている。

   Mis abuelos tienen（　　　）（　　）（　　　　）años.

2 次の質問にスペイン語で答えてみよう。

1. ¿Cuál es más grande, Corea o China?

2. ¿En Sapporo hace más calor que en Tokio?

3. ¿Cuál es el lago más grande de Japón?

Track 44

第26課 点と線の話

点過去・規則活用の巻

スペイン語には２種類の過去時制がある。過去のある時点で動作が終わったことを表す「**点過去**」と，過去のある時点で動作が継続中だったことを表す「**線過去**」だ。

点過去は，「～した」という過去の出来事を言うときに普通に用いられる過去時制だ。ここでは点過去の規則的な活用パターンを紹介しよう。

点過去時制の規則活用パターン

	-ar 動詞	-er 動詞	-ir 動詞
原形	amar 愛する	comer 食べる	vivir 生きる
yo	amé	comí	viví
tú	amaste	comiste	viviste
él	amó	comió	vivió
nosotros	amamos	comimos	vivimos
vosotros	amasteis	comisteis	vivisteis
ellos	amaron	comieron	vivieron

（* -er 動詞と -ir 動詞の活用語尾は共通）

点過去時制の規則活用では，すべての活用形で語尾にアクセントが置かれる。活用形を声に出して練習し，この特徴をつかむのが上達のコツだ。

-ar 動詞と -ir 動詞の点過去規則活用では，１人称複数形が現在形（→題６課）と同形になるので要注意！

No **tomamos** café.
私たちはコーヒーを飲みません。

No **tomamos** café ayer.
昨日，私たちはコーヒーを飲まなかった。

Hoy **escribimos** unas cartas.
今日，私たちは何通かの手紙を書く。

Ayer **escribimos** unas cartas.
昨日，私たちは何通かの手紙を書いた。

規則活用だけど…ちょっと変則的な動詞

点過去で規則的な活用をする動詞のうち，原形の語尾が次のような形のものは，１人称単数形に変則的な綴り字が現れる。

原形語尾	-car	-gar	-guar	-zar
原形	**sacar** 取る	**llegar** 到着する	**averiguar** 調べる	**empezar** 始める
yo	sa**qué**	lle**gué**	averi**güé**	empe**cé**
tú	sacaste	llegaste	averiguaste	empezaste
él	sacó	llegó	averiguó	empezó
	⋮	⋮	⋮	⋮

１人称単数形に
注意！

語根が母音で終わる -er 動詞，-ir 動詞には，３人称形で -y- の文字が現れるものがある。＊変則的なアクセント符号にも注意

原形	**leer** (le·er) 読む	**huir** (hu·ir) 逃げる	**oír** (o·ír) 聞く
yo	leí	huí	oí
tú	leíste	huiste	oíste
él	leyó	huyó	oyó
nosotros	leímos	huimos	oímos
vosotros	leísteis	huisteis	oísteis
ellos	leyeron	huyeron	oyeron

現在形で語根母音変化のある -ir 動詞には，点過去の３人称形で e→i，o→u という語根母音変化の生じるものがある。

原形	**pedir** たのむ	**dormir** 寝る
yo	pedí	dormí
tú	pediste	dormiste
él	pidió	durmió
nosotros	pedimos	dormimos
vosotros	pedisteis	dormisteis
ellos	pidieron	durmieron

スペイン語の敬称 señor, señora, señorita

男性 señor / Sr.（英：*Mr.*）
セニョール

女性 señora / Sra.（既婚・英：*Mrs.*）
セニョーラ
señorita / Srta.（未婚・英：*Miss*）
セニョリータ

一般に敬称は el Sr. Hernández「エルナンデス氏」，la Sra. de Rodríguez「ロドリゲス夫人」，la Srta. Martínez「マルティネス嬢」のように姓につけて用いる。ただし「～さん！」と呼びかけるときや，手紙の宛名の場合は定冠詞をつけない。また，敬称のみで ¡Señor!「旦那さん！」，¡Señora!「奥さん！」，¡Señorita!「お嬢さん！」のように呼びかけるときにも用いられる。

練習 20

点過去形の活用表を完成させよう。

1 規則活用

-ar 動詞

原形	cantar 歌う	estudiar 勉強する	comprar 買う
yo	canté		
tú	cantaste		
él	cantó		
nosotros	cantamos		
vosotros	cantasteis		
ellos	cantaron		

-er 動詞

原形	beber 飲む	aprender 習う	romper こわす
yo	bebí		
tú	bebiste		
él	bebió		
nosotros	bebimos		
vosotros	bebisteis		
ellos	bebieron		

-ir 動詞

原形	abrir 開ける	escribir 書く	partir 出発する
yo	abrí		
tú	abriste		
él	abrió		
nosotros	abrimos		
vosotros	abristeis		
ellos	abrieron		

2 変則的な規則活用

-ar 動詞	-car	-zar	-gar
原形	buscar 探す	realizar 実現する	pagar 支払う
yo	busqué		
tú	buscaste		
él	buscó		
nosotros	buscamos		
vosotros	buscasteis		
ellos	buscaron		

語根が母音で終わる-er 動詞

原形	caer 落ちる	creer 考える	poseer 所有する
yo	caí		
tú	caíste		
él	cayó		
nosotros	caímos		
vosotros	caísteis		
ellos	cayeron		

点過去形で語根母音変化の現れる-ir 動詞

原形	servir 仕える	sentir 感じる	morir 死ぬ
yo	serví		
tú	serviste		
él	sirvió		
nosotros	servimos		
vosotros	servisteis		
ellos	sirvieron		

Track 45

第27課 続・点と線の話

点過去・不規則活用の巻

前課に続いて，ここでは点過去時制で不規則な活用変化をする動詞を紹介しよう。

難しいといわれるスペイン語の動詞の活用の中でも，点過去の不規則活用は最大の難所だ。そのパターンには様々なものがあるが，やみくもに覚えようとせず，分類整理しながら着実にマスターしていこう。

点過去の不規則活用では，原形や現在形にはない音（-u- -i- -j- など）が活用形中に現れ，単数１・３人称で語根にアクセントが置かれるのが特徴だ。このパターンには tener「持つ」，estar「いる」，poder「～できる」，querer「欲する」など，きわめて重要な動詞が含まれる。

-u-＋v型

	語尾パターン	tener 持つ	estar いる	andar 歩く
yo	-uve	tuve	estuve	anduve
tú	-uviste	tuviste	estuviste	anduviste
él	-uvo	tuvo	estuvo	anduvo
nosotros	-uvimos	tuvimos	estuvimos	anduvimos
vosotros	-uvisteis	tuvisteis	estuvisteis	anduvisteis
ellos	-uvieron	tuvieron	estuvieron	anduvieron

-u-＋その他の子音　□=b　□=d　□=s　□=p

	語尾パターン	haber (完了の助動詞)	poder ～できる	poner 置く	saber 知る
yo	-u□e	hube	pude	puse	supe
tú	-u□iste	hubiste	pudiste	pusiste	supiste
él	-u□o	hubo	pudo	puso	supo
nosotros	-u□imos	hubimos	pudimos	pusimos	supimos
vosotros	-u□isteis	hubisteis	pudisteis	pusisteis	supisteis
ellos	-u□ieron	hubieron	pudieron	pusieron	supieron

-i-＋子音

	語尾パターン	□=c hacer つくる	□=s querer 欲する	□=n venir 来る
yo	-i□e	hice	quise	vine
tú	-i□iste	hiciste	quisiste	viniste
él	-i□o	hizo	quiso	vino
nosotros	-i□imos	hicimos	quisimos	vinimos
vosotros	-i□isteis	hicisteis	quisisteis	vinisteis
ellos	-i□ieron	hicieron	quisieron	vinieron

*hacerの３人称単数形hizoでは子音字cがzに置き換わる。

-j- 型

	語尾パターン	decir 言う	traer 持ってくる	producir 生産する
yo	-je	dije	traje	produje
tú	-jiste	dijiste	trajiste	produjiste
él	-jo	dijo	trajo	produjo
nosotros	-jimos	dijimos	trajimos	produjimos
vosotros	-jisteis	dijisteis	trajisteis	produjisteis
ellos	-jeron	dijeron	trajeron	produjeron

*３人称複数形が-jieronではなく-jeronとなることに注意。

不規則な点過去活用が用いられた歌のタイトル

Nunca **tuvo** novio.

恋人なんかいなかった。（彼女はけっして恋人を持たなかった）

Te quiero, **dijiste**.

愛してる，とあなたは言った。

完全不規則型

次に挙げる動詞は，上記のどの類型にも当てはまらない独特の点過去活用形を持つ。

	ser／ir ～です／行く	dar 与える	reír 笑う	ver 見る
yo	fui	di	reí	vi
tú	fuiste	diste	reíste	viste
él	fue	dio	rió	vio
nosotros	fuimos	dimos	reímos	vimos
vosotros	fuisteis	disteis	reísteis	visteis
ellos	fueron	dieron	rieron	vieron

上表のとおり，ser「～です」と ir「行く」は点過去時制の全人称で共通の活用形を持っており，形の上からは fui＝「私は～だった」なのか fui＝「私は～へ行った」なのか区別ができない。

Ayer **fuimos** novios, pero hoy no lo somos.

昨日（まで）は私たちは恋人だったが，今はちがう。

Ayer **fuimos al** centro.

昨日，私たちは中心街へ行った。

*ir「行く」の点過去形であれば，行き先を示す前置詞a「～へ」を伴う。

練習 21

1 現在時制の文を過去時制（点過去）に書き換え，和訳してみよう。

1. Hoy mi padre está en la oficina.

   ⇨ Ayer

   和訳：

2. La película empieza a las seis y media.

   ⇨

   和訳：

3. Carmen y Francisco son novios.

   ⇨

   和訳：

2 次の質問にスペイン語で答えてみよう。

1. ¿Cuándo tuviste el examen?

   ______________ la semana pasada.

2. ¿A qué hora vinieron Uds.?

   ______________ a mediodía.

3. ¿Viste a mi marido ayer?

   No, ______________.

第28課 続々・点と線の話

線過去の巻

26課と27課で紹介した点過去とは別に，スペイン語にはもうひとつ**線過去**と呼ばれる過去時制がある。

過去のある時点で終了した動作を表す点過去時制に対し，**線過去は過去のある時点で継続中だった動作（「～していた」）を表す時制**だ。

線過去の活用パターン

不規則活用の多い点過去に比べると，線過去の活用パターンはとても単純だ。線過去時制ではほとんどすべての動詞が規則的な活用をする。
-er動詞と -ir動詞の活用語尾は共通だ。

規則活用の語尾パターンと活用形

		-ar動詞 amar愛する		**-er動詞，** comer食べる	**-ir動詞** vivir生きる
yo	-aba	am**aba**	-ía	com**ía**	viv**ía**
tú	-abas	am**abas**	-ías	com**ías**	viv**ías**
él	-aba	am**aba**	-ía	com**ía**	viv**ía**
nosotros	-ábamos	am**ábamos**	-íamos	com**íamos**	viv**íamos**
vosotros	-abais	am**abais**	-íais	com**íais**	viv**íais**
ellos	-aban	am**aban**	-ían	com**ían**	viv**ían**

*amabaisにはアクセント符号がつかないことに注意。

不規則活用の動詞は ir, ser, ver の 3 つだけ

	ir 行く	**ser** ～です	**ver** 見る
yo	iba	era	veía
tú	ibas	eras	veías
él	iba	era	veía
nosotros	íbamos	éramos	veíamos
vosotros	ibais	erais	veíais
ellos	iban	eran	veían

*ibais, erais にはアクセント符号がつかないことに注意

*規則活用・不規則活用ともに，単数１・３人称は同形になる。

線過去の用法

点過去はある時点で動作が終了したことを，線過去は動作が継続中だったことを表す。

Anoche te llamé dos veces, pero no contestó nadie. — Es que yo **estaba** fuera de casa.

昨夜きみに２度電話したけど，だれも出なかった。──ぼくは外出してたんだよ。

Cuando regresé a casa, mi esposa **dormía**.

私が家に戻ったとき，家内は寝ていました。

Cuando mi padre **era** joven, **trabajaba** en el ayuntamiento de esta ciudad.

私の父は若い頃，この町の役場で働いていました。

Cuando yo **era** niño, mi padre no **llevaba** gafas.

私が子供の頃は，父はメガネをかけていませんでした。

*線過去では単数１人称（yo）と単数３人称（él, ella, Ud., etc.）の活用形が同形なので，混同のおそれがあるときは主語を省略しない。

線過去は，過去の反復した動作を表すときにも用いられる。

*（英：used to＋不定詞）

Cuando **éramos** estudiantes, **veníamos** a este bar cada fin de semana.

私たちが学生だった頃，毎週末この酒場に来たものです。

hay（←haber）の点過去と線過去

haberの３人称形 hay「〜がある」は，点過去（hubo）や線過去（había）の形でも用いられる。現在形の hay と同様，意味上の主語が単数でも複数でも３人称単数形以外に変化しない (→70ページ)。

La semana pasada **hubo** un accidente de ferrocarril desastroso.

先週，ものすごい鉄道事故があった。

En el siglo XIX (diecinueve), no **había** computadora, ni avión, pero sí **había** ferrocarril.

19世紀にはコンピューターも飛行機もなかったが，鉄道はあった。

練習 22

■1 線過去の活用形を書き，音読して規則活用のパターンをマスターしよう。

	estudiar 勉強する	aprender 習う	decir 言う
yo			
tú			
él			
nosotros			
vosotros			
ellos			

■2 現在時制の文を過去時制（線過去）に書き換え，和訳してみよう。

1. Me levanto a las seis todos los días.

⇨ Cuando era estudiante

和訳：

2. Mis abuelos están vivos.（語句：estar vivo 健在である）

⇨ Cuando yo era niño

和訳：

3. El avión vuela sobre el mar y los pasajeros toman la cena.

⇨

和訳：

Track 47

第29課 その時までにしてきたこと…

過去完了形

スペイン語の過去完了時制は，過去のある時点までに動作が完了していたことを表す時制だ。つまり，英語の過去完了と意味は同じと考えて差し支えない。
過去完了形は［**haberの線過去形＋過去分詞**］の形になる。
現在完了形［haberの現在形＋過去分詞］(→12課) との違いを確認しておこう。

haberの線過去形の活用

	単数		複数	
1人称	yo	había	nosotros	habíamos
2人称	tú	habías	vosotros	habíais
3人称	él	había	ellos	habían

過去完了形はhaberの線過去形に過去分詞をつなげて作るので，線過去時制の「単数1・3人称が同形」という特徴がそのまま反映される。

comer「食べる」の過去完了形 (comerの過去分詞＝comido［男性形］)

	単数		複数	
1人称	yo	había comido	nosotros	habíamos comido
2人称	tú	habías comido	vosotros	habíais comido
3人称	él	había comido	ellos	habían comido

現在完了形と同様，過去完了形でも主語の性・数にかかわらず**過去分詞は必ず男性単数形**になり，また，**活用したhaberと過去分詞の間には何も挟むことができない**（否定文のnoや目的語の代名詞は必ず活用したhaberの前に置く)。

過去完了の用法

過去のある出来事と比べて，その時点以前に動作が完了していたことを表す。

各ペアーの例文の意味を比較して，現在完了と過去完了との違いを把握しておこう。

Ha partido el tren.
列車は出発した。（＝すでに出発している）

Había partido el tren cuando llegué a la estación.
私が駅に到着した時には，列車は（すでに）出発していた。

Él me **dice** que no **ha venido** nadie.
誰も（今までのところ）来ていないと，彼は私に言う。

Él me **dijo** que no **había venido** nadie.
誰も（その時点までは）来ていなかったと，彼は私に言った。

Me **doy** cuenta de que a ella le **ha ocurrido** algo grave.
彼女に何か重大なことが（現時点までに）起きたのだと，私は気づく。

Me **di** cuenta de que a ella le **había ocurrido** algo grave.
彼女に何か重大なことが（その時点までに）起きたのだと，私は気づいた。

*me doy (di) cuenta ← darse cuenta de ～「～に気づく」

過去完了の代わりに
点過去を使うのは，
口語的な表現ね。

文脈上，出来事の前後関係が明白な場合などは，過去完了の代わりに点過去が用いられることがある。

“¿En aquel entonces, conocía Ud. el accidente de avión ocurrido en China?”

「中国で起きた飛行機事故を，あなたはその当時ご存じでしたか？

— “Sí, lo **había leído** en el periódico.”（過去完了）

— “Sí, lo **leí** en el periódico.”（点過去）

「ええ，新聞で読んでいました」／「ええ，新聞で読みました」

基本数詞 100～

百と十の位（くらい），または一の位との間には y を挿入せず，つねに，十の位と一の位だけが yでつながれる。200～900までの数には女性形がある。単独の100はcienで表すが，100の後に1～99の数字が続く場合はcientoとなる。

100	cien スィエン	500	quinientos / -tas キニエントス / -タス
101	ciento uno スィエント ウノ	600	seiscientos / -tas セイススィエントス / -タス
108	ciento ocho スィエント オーチョ	700	setecientos / -tas セテスィエントス / -タス
177	ciento setenta y siete スィエント セテンタ イ スィエテ	800	ochocientos / -tas オチョスィエントス / -タス
200	doscientos / -tas ドススィエントス/ -タス	900	novecientos / -tas ノベスィエントス / -タス
300	trescientos / -tas トレススィエントス/ -タス	999	novecientos noventa y nueve ノベスィエントス ノベンタ イ ヌエベ
400	cuatrocientos / -tas クワトロスィエントス/ -タス	1000	mil ミル

練習 23

(　　) の中に一語ずつ入れて，スペイン語の文を完成させよう。

1. 「そのときには私たちはもう仕事を終えていました」

(語句：終える terminar)

⇨ En aquel entonces ya (　　　　　　) (　　　　　　) el trabajo.

2. 「彼は買った本を私に見せてくれる」

(語句：見せる mostrar, 買う comprar)

⇨ Él me (　　　　　　) los libros que (　　) (　　　　　　)

3. 「彼は買った本を私に見せてくれた」

⇨ Él me (　　　　　　) los libros que (　　　　) (　　　　　　)

4. 「私が起床したときには，みんな家を出しまっていた」

(語句：起床する levantarse, 家を出る salir de casa)

⇨ Cuando (　　) (　　　　　　), todos (　　　　　　) (　　　　) de casa.

5. 「私は帰宅すると，トイレに駆け込んだ」

(語句：帰宅する regresar a casa, 駆け込む entrar corriendo)

⇨ Cuando (　　　　　　) (　　　　　　) a casa, (　　　　　　) corriendo en el baño.

1万，10万などは1000の倍数で示す（具体的な数を示す mil「千」には複数形を用いない）。

quince mil dólares「1万5千ドル」　cien mil「10万」　quinientos mil「50万」

Track 49

第30課 スペイン語にwillはない

未来形があるからね

スペイン語には英語の*will*のような「未来の助動詞」はなく，動詞そのものが未来形という独立した形を持っている。
未来形の活用では，ほとんどの動詞が規則的な変化をする。不規則活用動詞の代表選手であるser, estar, irなども，未来形では規則活用だ。

未来形の規則活用と語尾パターン

	語尾パターン	ser です	estar いる	ir 行く
yo	**-é**	ser***é***	estar***é***	ir***é***
tú	**-ás**	ser***ás***	estar***ás***	ir***ás***
él	**-á**	ser***á***	estar***á***	ir***á***
nosotros	**-emos**	ser***emos***	estar***emos***	ir***emos***
vosotros	**-éis**	ser***éis***	estar***éis***	ir***éis***
ellos	**-án**	ser***án***	estar***án***	ir***án***

現在や点過去・線過去などでの動詞の活用形は**［語根＋活用語尾］**という構造（語根→37ページ）だが，未来形は原則として**［原形全体＋活用語尾］**という形を持つ。

未来形の語尾パターン（-é, -ás, -á …）は，もともと**haberの現在形**（→67ページ）**に由来**している。両者を見比べると，互いによく似ていることがわかるだろう。

	amarの原形＋haberの現在形		amar の未来形
yo	amar + he	**(-é)**	amar***é***
tú	amar + has	**(-ás)**	amar***ás***
él	amar + ha	**(-á)**	amar***á***
nosotros	amar + hemos	**(-emos)**	amar***emos***
vosotros	amar + habéis	**(-éis)**	amar***éis***
ellos	amar + han	**(-án)**	amar***án***

未来形の不規則活用

未来形活用で不規則な変化をする動詞は，語根部分の変化パターンから３つの類型に分けられる。

	haber ⇨ habré 型	poner ⇨ pondré 型	decir ⇨ diré 型
	haber 助動詞・ある	poner 置く	decir 言う
yo	habr***é***	pondr***é***	dir***é***
tú	habr***ás***	pondr***ás***	dir***ás***
él	habr***á***	pondr***á***	dir***á***
nosotros	habr***emos***	pondr***emos***	dir***emos***
vosotros	habr***éis***	pondr***éis***	dir***éis***
ellos	habr***án***	pondr***án***	dir***án***

未来形で不規則な変化をする動詞は，数は少ないが，いずれも基本的で重要なものばかりだ。語尾の形は規則活用のそれと同じだが，語根部分が独特な変化パターンを持っている。代表的なものを挙げておこう。

haber ⇨ habré 型

poder「～できる」⇨ **podré, podrás, podrá…**
querer「欲する」⇨ **querré, querrás, querrá...**
saber「知る」⇨ **sabré, sabrás, sabrá…**

poner ⇨ pondré 型

salir「出る」⇨ **saldré, saldrás, saldrá…**
tener「持つ」⇨ **tendré, tendrás, tendrá…**
venir「来る」⇨ **vendré, vendrás, vendrá…**

decir ⇨ diré 型

hacer「作る」⇨ **haré, harás, hará…**

未来形の用法「〜だろう」

未来に起こるであろう出来事を言うときに用いる。(*最も基本的な用法)

Ellos **vendrán** el viernes.
彼らは金曜日に来るだろう。
Dentro de poco **llegaremos** a Santiago. Allí **cambiaremos** de tren. まもなく私たちはサンティアーゴに到着します。そこで列車を乗り換えます。
Mañana **hará** buen tiempo.
明日は良い天気になるだろう。

現在のことを推測して言うとき。

"¿Qué hora es?" — "**Serán** las diez."
今，何時ですか？── 10時ごろでしょう。
"¿Dónde está tu mamá?" — "**Estará** en la cocina."
お母さんはどこにいるの？──台所にいるんじゃないかな。
Eso no **será** verdad.
それは本当ではないだろう。
Será mejor llevar paraguas.
傘を持って行ったほうがいいだろう。

未来形を忘れちゃってもだいじょうぶ！

①ごく近い未来のことであれば，現在形でOK。
Esta noche te **invito** a cenar. （現在形）
今夜ぼくは君を夕食に招く。
＝ Esta noche te **invitaré** a cenar. （未来形）
②未来形の代わりに用いる［ir a + 原形］(→98ページ)
Mañana **voy a invitarte** al almuerzo.
明日ぼくは君を昼食に招く。
＝ Mañana te **invitaré** al almuerzo.
Va a llover mañana. 明日は雨が降るだろう。
＝ **Lloverá** mañana.

未来完了形

［haberの未来形＋過去分詞］の形は，未来のある時点で完了しているであろう動作をいう「未来完了形」になる（haberの未来形は145ページ）。

Los estudiantes **habrán terminado** los deberes para las nueve.
学生たちは9時までには宿題を終わらせているだろう。

また，「すでに完了しているだろう」という推測を表現するときにも未来完了形を用いる。

Los estudiantes ya **habrán terminado** los deberes.
学生たちはすでに宿題を終わらせているだろう。

条文でとり決めた動作を表す未来形

約款などの法律関係の文では，条文で取り決めた動作を未来時制で表すことが多い。日本語には「〜すること」「〜ものとする」などと訳される。

Toda orden cuya dirección de entrega sea dentro del territorio argentino, **será** facturada en pesos.
引き渡し住所がアルゼンチン領内となるすべての注文はペソで請求されるものとする。（sea ← ser 接続法現在形 → 158ページ）

練習 24

1 未来形の活用形を書き，音読して活用のパターンに慣れよう。

	abrir 開ける	poder ～できる	salir 出る	hacer 作る
yo				
tú				
él				
nosotros				
vosotros				
ellos				

2 現在時制の文を未来時制に書き換え，和訳してみよう。

1. Me levanto a las seis.

   ⇨ Mañana

   和訳：

2. Estoy en el despacho.（単語：despacho 事務室）

   ⇨ Esta tarde

   和訳：

3. El avión sale a la hora justa.（単語：a la hora justa 定刻に）

   ⇨

   和訳：

Track 50

第31課 過去にさかのぼって未来を語る話

可能法（過去未来形）

可能法とは，過去のある時点から見た未来のことを言うときに用いられる形で，別名「過去未来形」とも呼ばれる。“未来の過去形”，つまり英語の助動詞*would*と似た意味合いを持つものと思えば，理解しやすいだろう。
ここではまず，可能法の単純形と呼ばれる形を紹介しよう。この活用形は，**未来形の語尾をちょっと変える**だけ簡単に作ることができる。規則・不規則活用のパターンは未来形とまったく同じだ。

可能法単純形の規則活用とその語尾パターン

	未来形語尾	可能法語尾	ser です	estar いる	ir 行く
yo	-é	⇨ **-ía**	**sería**	**estaría**	**iría**
tú	-ás	⇨ **-ías**	**serías**	**estarías**	**irías**
él	-á	⇨ **-ía**	**sería**	**estaría**	**iría**
nosotros	-emos	⇨ **-íamos**	**seríamos**	**estaríamos**	**iríamos**
vosotros	-éis	⇨ **-íais**	**seríais**	**estaríais**	**iríais**
ellos	-án	⇨ **-ían**	**serían**	**estarían**	**irían**

単数の１・３人称が同形になることに注意！

可能法単純形の不規則活用

未来形で不規則な変化をする動詞は，可能法も同じパターンで語根部分が変化する（未来形の不規則活用→ 145 ページ）。

	haber ⇨ habría 型 haber 助動詞・ある	poner ⇨ pondría 型 poner 置く	decir ⇨ diría 型 decir 言う
yo	**habr*ía***	**pondr*ía***	**dir*ía***
tú	**habr*ías***	**pondr*ías***	**dir*ías***
él	**habr*ía***	**pondr*ía***	**dir*ía***
nosotros	**habr*íamos***	**pondr*íamos***	**dir*íamos***
vosotros	**habr*íais***	**pondr*íais***	**dir*íais***
ellos	**habr*ían***	**pondr*ían***	**dir*ían***

poder ～できる ⇨ yo **podr*ía***	**salir** 出る ⇨ yo **saldr*ía***	**hacer** 作る ⇨ yo **har*ía***
querer 欲する ⇨ yo **querr*ía***	**tener** 持つ ⇨ yo **tendr*ía***	
saber 知る ⇨ yo **sabr*ía***	**venir** 来る ⇨ yo **vendr*ía***	

可能法の用法

過去のある時点から見た未来のことを言うときに用いる。次の２つの文を見比べてみよう。

A: Él me **dice** que **vendrá** esta noche.　彼は今夜来ると私に言う。

B: Ayer él me **dijo** que **vendría** esta mañana.

昨日彼は，今朝来るだろうと私に言った。

Ａの文は主節で現在のこと（**él dice** 彼は言う）を述べているのに対し，Ｂの文は主節で過去のこと（**él dijo** 彼は言った）を述べ，その過去の時点から見た未来の動作を可能法の形 **vendría** で言っている。

●可能法を用いた推量表現

未来形と同様，可能法も推量表現に用いられる。未来形で言うときよりも不確実な推測を表現する言い方になる。

A estas horas, la Plaza Mayor **estará** llena de turistas extranjeros.
未来形：この時間，マジョール広場は外国人観光客でいっぱいだろう。

Pero, por la mañana no **habría** tantos turistas.
可能法：でも朝のうちなら，それほど観光客はいないんじゃないでしょうかね。
Viajar por España en verano te **costaría** más de 2.000 dólares.
夏にスペインを旅行するのは2000ドル以上かかるんじゃないかなあ。

過去の出来事を推測する表現にも用いられる。
Serían las doce y pico cuando me llamaste.
君がぼくに電話をくれたのは，12時ちょっと過ぎだったかな。

●可能法を用いた婉曲表現

可能法を用いて，遠慮がちな依頼や要求，願望を表現することができる。

¿**Podría** sacar unas fotos de su tienda?
あなたのお店の写真を何枚か撮ってもいいでしょうか？。(遠慮がちに許可を求める。podríaの主語はyo)
¿**Podría** llamarme un taxi?
タクシーを呼んでいただけますか？（遠慮がちに要求する。podríaの主語はUd.）
Me **gustaría** pasar una vez las vacaciones en un hotel de lujo.
一度，デラックスなホテルで休暇を過ごしたいものだなあ。(願望の表現)

可能法複合形（可能法の“完了形”）

可能法にはもう一つ，**複合形**［haberの可能法＋過去分詞］と呼ばれる形があり，過去における完了の状態を推量する表現に用いられる。

Anoche los estudiantes ya **habrían terminado** los deberes hacia las nueve.
学生たちは昨夜，9時ごろにはすでに宿題を終わらせていただろう。

練習 25

■1 可能法単純形の活用形を書き，音読して活用のパターンに慣れよう。

	querer 欲する	tener 持つ	venir 来る	hacer 作る
yo				
tú				
él				
nosotros				
vosotros				
ellos				

■2 （　）の中に可能法の動詞を入れ，文を完成させてみよう。

1. 灰皿を持ってきていただけますか？

   ⇨ ¿(　　　　　　) traerme un cenicero?

2. あなたと一緒に船旅するなんて素敵でしょうね。

   ⇨ (　　　　　　) maravilloso viajar en barco contigo.

3. こんな状況では私はどうすればいいのでしょうか。

   ⇨ ¿Qué (　　　　　　) yo en tal situación?

4. 「入ってもいいでしょうか？」「はい，どうぞどうぞ」

   ⇨ "¿(　　　　　　) entrar?" — "Sí, pase, pase."

5. 次のバスはもう間もなく来るはずなんだが。

   ⇨ (　　　　　　) que venir ya dentro de poco el próximo autobús.

第32課 「こうしろ」「ああしろ」という話

動詞の命令モード

命令形には**肯定命令**「～しろ／してください」と**否定命令**「～するな／しないでください」の２つがある。

●ほとんどの動詞の**tú**に対する肯定命令形は３人称単数現在形と同形になる。

contar	数える・語る	cerrar	閉める	oír	聞く	seguir	続ける
cuenta	数えろ・語れ	**cierra**	閉めろ	**oye**	聞け	**sigue**	続けろ

Cuenta lo que has visto.　　お前の見たことを話してくれ。
Querida, **cierra** los ojos.　　ねえ，目を閉じてごらん。

* 主語が３人称単数（**él, ella, Ud.**）の平叙文と形式上の区別がないので注意。

●いくつかの動詞では**tú**に対する肯定命令形に特殊な形を持つ。

decir	言う	hacer	作る・する	ir	行く	ser	～です
di	言え	**haz**	作れ・しろ	**ve**	行け	**sé**	～であれ
poner	置く	tener	持つ	venir	来る	salir	出る
pon	置け	**ten**	持て	**ven**	来い	**sal**	出ろ

¡**Ten** cuidado!　　気をつけろ！
Ven conmigo.　　ぼくと一緒においで。

●**vosotros**に対する肯定命令形
すべての動詞が，原形の語末の **-r** を **-d** に変えるだけで**vosotros**に対する肯定命令形になる。

contar	数える・語る	cerrar	閉める	venir	来る	salir	出る
contad	数えろ・語れ	**cerrad**	閉めろ	**venid**	来い	**salid**	出ろ

つまり，命令形で独自の形を持つのは２人称（単・複とも）だけ。他の人称はすべて，次の課で紹介する接続法現在形と共通の形が用いられる。

主語＼原形	contar 数える・語る	tener 持つ	
tú	**cuenta**	**ten**	**多くが3人称単数現在形と共通**
Ud.	cuente	tenga	接続法現在形と共通
nosotros	contemos	tengamos	接続法現在形と共通
vosotros	**contad**	**tened**	**原形の –r を –d に変える。例外なし**
Uds.	cuenten	tengan	接続法現在形と共通

肯定命令形の語順

目的語の代名詞とともに用いられる場合，代名詞は命令形の動詞の末尾に ①**「に格」＋ ②「を格」**の順で連結され，**一綴りの単語**として扱われる。le; les が se に変わる音便の規則（→84ページ［動詞原形＋目的語の代名詞］の語順）もそのまま適用される。
また，［動詞＋目的語の代名詞］の後に主語（聞き手）の代名詞が置かれることがある。

"¡**Oiga**, por favor!" — "**Díga**me, señor."
「すみません，ちょっと」「はい，なんでしょう」
（dígame=diga+me; 直訳：「どうか聞いてください」「私に話してください，旦那」）
Dímelo tú. 私にそれを話しなさい。
Dígamelo Ud. 私にそれを話してください。
Envíale a Teresa esta cinta. このテープをテレーサに送りなさい。
→ **Envía**sela. それを彼女に送りなさい。（envía + le [⇨ se] + la）

否定命令形の語順

[no; nunca + 目的語の代名詞 + 否定命令形の動詞]
代名詞は否定命令形の動詞の前に置かれ，さらにその前に no; nunca などの否定語が置かれる。肯定命令形の場合と異なり，各々の語は**分かち書き**される。

¡**No** me **digas**! まさか！（直訳：私にそれを言うな。）
No le **envíes** a Teresa esta cinta. このテープをテレーサに送るな。
→ **No** se la **envíes**. それを彼女に送るな。（no + le [⇨ se] + la）

再帰動詞の命令形

肯定命令，否定命令ともに，再帰代名詞は「に格」の代名詞と同じ位置に置かれる。

●再帰動詞の肯定命令

Levánta**te** (tú). 立ち上がりなさい。
Levánte**se** (Ud.). 立ち上がってください。
Levánten**se** (Uds.). 立ち上がってください。
Cálla**te** (tú). 黙れ。
Pon**te** (tú) el casco. ヘルメットをかぶりなさい。
Pón**telo**. それをかぶりなさい。
Quíte**se** (Ud.) los zapatos. 靴を脱いでください。
Quíte**selos**. それを脱いでください。

●主語（聞き手）が nosotros と vosotros の場合に注意

nosotros に対する肯定命令形に再帰代名詞 nos が連結する場合，動詞の語尾 -mos の -s が消える。

Levantémonos. (← levantemo**s** + nos) 立ち上がろう。

vosotros に対する肯定命令形に再帰代名詞 os が連結する場合，動詞の語尾 -d が消える。

Levantaos. (← levanta**d** + os) 立ち上がりなさい。

●再帰動詞の否定命令

No **te** pongas (tú) el casco. ヘルメットをかぶるな。
No **te lo** pongas (tú). それをかぶるな。
No **se** quite (Ud.) los zapatos. 靴を脱がないでください。
No **se** los quite (Ud.). それを脱がないでください。

練習 26

(　　) の中に命令形の動詞を入れ，命令文を完成させよう。

1. 部屋に入りなさい。　（主語＝tú）（入る entrar）

　⇨ (　　　　　　　) en la habitación.

2. ちょっと待ってて。　（主語＝tú）（待つ esperar）

　⇨ (　　　　　　　) un momentito.

3. 正直でありなさい。　（主語＝tú）（～である ser）

　⇨ (　　　　　　　) honesto.

4. 私が仕事場にいるとパパに言いなさい。（主語＝tú）（[彼に] 言う decirle）

　⇨ (　　　　　　　) a tu papá que estoy en el taller.

5. 君たちの研究を続けなさい。（主語＝vosotros）（続ける seguir）

　⇨ (　　　　　　　) vuestro estudio.

6. 傘を持って行きなさい。（主語＝vosotros）（持って行く llevarse）

　⇨ (　　　　　　　) el paraguas.

7. 手を洗いなさい。（主語＝vosotros）（[自身を] 洗う lavarse）

　⇨ (　　　　　　　) las manos.

8. 手を洗いなさい。（主語＝tú）（[自身を] 洗う lavarse）

　⇨ (　　　　　　　) las manos.

Track 52

第33課 脳内想念モードの話

接続法・現在形の巻

これまでに紹介してきた様々な動詞の形は，そのほとんどが，事実を事実として述べる直説法と呼ばれるモード（法）での形だった。

これに対して，**「こうあってほしい」と願う気持ちや「ホントかなあ…」と疑う気持ちで述べたり，非現実的な仮想を述べたりするときに用いるモードを接続法という。**接続法を用いない現代の英語でも，「もし私が鳥だったら…」のように仮想を述べるときは *If I were a bird* ... と通常の規則に合致しない動詞形（仮定法過去）が現れる。これも接続法の一種と思ってよい。

まず，接続法における動詞の形から見ていくことにしよう。

規則的な接続法現在形（規則変化動詞・語根母音変化動詞）

直説法現在形 (→第５～６課) で規則的な活用変化をする動詞や，不規則性が語根母音変化のみの動詞 (→第 14 課) は，原則として活用語尾の母音を **-ar** 動詞は **-e-** に，**-er, -ir** 動詞は **-a-** に交換して作る。

	-ar 動詞		-er 動詞		-ir 動詞	
	volar 飛ぶ		**querer** 欲する		**pedir** 頼む	
	直説法	接続法	直説法	接続法	直説法	接続法
	vuel -a- ⇨	**vuel -e-**	**quier -e-** ⇨	**quier -a-**	**pid -e-** ⇨	**pid -a-**
yo	vuel**o**	vuele	quier**o**	quiera	pid**o**	pida
tú	vuel**as**	vueles	quier**es**	quieras	pid**es**	pidas
él	vuel**a**	vuele	quier**e**	quiera	pid**e**	pida
nosotros	vol**amos**	volemos	quer**emos**	queramos	ped**imos**	pidamos
vosotros	vol**áis**	voléis	quer**éis**	queráis	ped**ís**	pidáis
ellos	vuel**an**	vuelen	quier**en**	quieran	pid**en**	pidan

*単数の１人称形と３人称形が同形になることに注意。表中の pedir のように，-e- → -i-型の語根母音変化動詞は，複数１・２人称にも語根母音変化が現れる。

不規則活用動詞

直説法現在で1人称単数形の語尾が -go, -zco, -yo の形になる動詞 (→第20課) は，接続法現在形ではすべての人称に -ga-, -zca-, -ya- の形が現れる。

	tener 持つ 直説法 **yo tengo**	**conocer** 知る 直説法 **yo conozco**	**huir** 逃げる 直説法 **yo huyo**
yo	tenga	conozca	huya
tú	tengas	conozcas	huyas
él	tenga	conozca	huya
nosotros	tengamos	conozcamos	huyamos
vosotros	tengáis	conozcáis	huyáis
ellos	tengan	conozcan	huyan

直説法現在1人称単数形の語尾が –oy の形になる動詞や haber, saber などは接続法で独特の活用形を持つ。ひんぱんに使われる重要な動詞が多いので，ぜひマスターしておこう。

	ser です 直説法 **yo soy**	**estar** いる 直説法 **yo estoy**	**ir** 行く 直説法 **yo voy**	**dar** 与える 直説法 **yo doy**
yo	sea	esté	vaya	dé
tú	seas	estés	vayas	des
él	sea	esté	vaya	dé
nosotros	seamos	estemos	vayamos	demos
vosotros	seáis	estéis	vayáis	deis
ellos	sean	estén	vayan	den

	haber(助動詞) 直説法 **yo he**	**saber** 知る 直説法 **yo sé**	**caber** 入る 直説法 **yo quepo**
yo	haya	sepa	quepa
tú	hayas	sepas	quepas
él	haya	sepa	quepa
nosotros	hayamos	sepamos	quepamos
vosotros	hayáis	sepáis	quepáis
ellos	hayan	sepan	quepan

接続法現在の用法

「接続法（modo subjuntivo）」という名称は，このモードが主として接続詞 **que** (英：*that*) に導かれる節で用いられることに由来している。接続法を用いる主な基準を整理すると次のようになる。

基準 1 主節に**感情**，**願望**，**意志**，**疑念**などを示す動詞があるとき，または主節が**否定**されているときの名詞節で。

感情 alegrarse de「うれしく思う」，sentir「残念，気の毒に思う」など

Siento que no me **escribas** ni una postal.

君が葉書一枚送ってこないとはがっかりだ。

願望 esperar「期待する」，querer「欲する」，rogar「懇願する」など

Espero que le **vaya** todo bien.

万事あなたにとってうまく行くよう，私は望んでいる。

意志 decir「～せよと言う」，ordenar「命ずる」，pedir「頼む」など

Dile a tu papá que me **llame** esta noche.

今夜私に電話するよう，パパに言ってちょうだい。

疑念 dudar「疑う」など

Dudo que **hayas sacado** esta foto sin usar trípode.

君が三脚を使わずにこの写真を撮ったなんて，疑わしいね。

否定

No digo que **seas** imbécil, sino que eres aturdida.

君はバカだなんてぼくは言ってない，そそっかしいと言ってるんだ。

基準 2 主節の内容が**未定**，**不明**，または**否定**されているときの形容詞節で。

¿Hay alguien que **hable** inglés?

どなたか英語を話す人はいらっしゃいますか？

Aquí no hay cosas que les **interesen** a los niños.

ここには子供の興味を惹くようなものはありません。

基準 3 時や場所，方法などの内容が未定・不明の場合や，条件や目的が仮定的な場合の副詞節で。

時の内容が未定（antes de que; después de que などの時間的な前後を示す接続詞句に導かれる節で）

Tienes que llamarme sin falta cuando **llegues** a Tokio.
東京に着いたら，必ず私に電話しなきゃだめだよ。

Voy a preparar la cena antes de que **regresen** los niños.
子供たちが帰ってくる前に，夕食の準備をしよう。

Después de que **regresen** los niños, vamos a comer.
子供たちが帰ってきたら，食事にしましょう。

場所の内容が未定

Vamos a donde Ud. **quiera** ir.
あなたの行きたいところへ（私たちは）行きましょう。

方法の内容が未定

Haz como **quieras**. (Haz lo que **quieras**.)
したいようになさい。（したいことをしなさい。）

条件が未定（con tal que; salvo que などの接続詞句に導かれる節で）

Aunque **llueva**, se llevará a cabo el partido.
たとえ雨が降っても，試合は行われるだろう。

Se celebrará la conferencia cumbre, salvo que **ocurra** alguna incidencia inesperada.
何か予想外の事故でも起きない限り，首脳会談は挙行されるだろう。

目的が未定（para que; a fin de que などの接続詞句に導かれる節で）

Ud. tiene que hablar en voz alta para que todos le **oigan** bien.
みんながよく聞こえるように，大きな声で話さなければいけません。

基準4 希望や無念を示す接続法（**¡Ojalá (que) …!; ¡Lástima que …!**）

¡Ojalá (que) **vaya** bien el experimento!
どうか実験がうまく行きますように！

¡Lástima que no **estés** libre esta noche!
今夜，君が暇じゃないとは残念だ！

無人称表現で主観的な判断を表明するとき（Es+形容詞＋que＋接続法）

Es lógico que tu mamá **se enoje**.
君のママが腹を立てるのも無理はないよ。
（一般論を述べる［Es+形容詞＋原形］（→109ページ）との違いに注意）

接続法現在完了形

［haberの接続法現在形＋過去分詞（男性単数形）］の形（haberの接続法現在→158ページ）を接続法現在完了形という。現在完了時制で示す事柄を接続法で述べるときに用いる形だ。

Espero que te **haya llegado** mi e-mail.（接続法）
ぼくのe-mailが君のところに届いていますように（期待します）。

Supongo que te **ha llegado** mi e-mail.（直説法）
ぼくのe-mailが君のところに届いていると思います（推測する）。
（直説法現在完了形→第12課）

命令形に用いられる接続法現在形

命令形の３人称単数形，および１・３人称の複数形は接続法現在形と共通の形が用いられる（→第32課）。また，否定命令形はすべての人称が接続法現在形と共通の形になる。

¡**Viva** la patria!　祖国万歳！

Pase Ud.　どうぞお通りください。

No **entre** aquí.　ここには入らないでください。（主語はUd.）

Demos un paseo.　ドライブしよう。／散歩しよう。

Señoras y señores pasajeros, **pónganse** el cinturón de seguridad.　乗客の皆様，安全ベルトをお締めください。（主語はUds.）

No **se apoyen** en la puerta.
ドアに寄りかからないでください。（主語はUds.）

練習27

（　　）の中に接続法現在形の動詞を入れ，文を完成させよう。

1. 私は灰皿を持ってくるようウェイターに言う。（持ってくる traer）

   ⇨ Le digo a un mozo que me (　　　　　　) un cenicero.

2. 君が来てくれて私はとてもうれしい。（来る venir）

   ⇨ Me alegro mucho de que (　　　　　　).

3. 君が読みたい本を読みなさい。（～したい querer）

   ⇨ Lee los libros que (　　　　　　) leer.

4. アルベルトが真相を知っているとは思わない。（知る saber）

   ⇨ No creo que Alberto (　　　　　　) la verdad.

5. 私は建築史に詳しい人を探しています。（詳しい conocer bien）

   ⇨ Estoy buscando a alguien que (　　　　　　) bien la historia de la arquitectura.

6. あなたが到着したら，駅までお迎えにまいります。（到着する llegar）

   ⇨ Lo buscaré en la estación cuando (　　　　　　) Ud.

7. あした天気になりますように。（［天候が］～である hacer）

   ⇨ ¡Ojalá (　　　　　　) buen tiempo mañana!

8. バスが通れるよう，サンファン通りを拡張する必要がある。（通れる poder pasar）

   ⇨ Es necesario ensanchar la calle San Juan para que (　　　　　　) pasar los autobuses.

第34課 続・脳内想念モードの話

接続法・過去形の巻

直説法には点過去と線過去という２種類の過去時制がある（→第26～28課）が，**接続法には１種類の過去時制しかない**。その活用形は，直説法点過去の３人称複数形の語尾 -ron を -ra- または -se- の形に変えて作る。

!! 語根部分の不規則パターンはすべて直説法点過去のそれと同じになるので，点過去形を十分にマスターしておく必要がある。

	ser です・**ir** 行く 点過去 fueron ⇨ fuera fuese		**estar** いる・ある 点過去 estuvieron ⇨ estuviera estuviese	
yo	fuera	fuese	estuviera	estuviese
tú	fueras	fueses	estuvieras	estuvieses
él	fuera	fuese	estuviera	estuviese
nosotros	fuéramos	fuésemos	estuviéramos	estuviésemos
vosotros	fuerais	fueseis	estuvierais	estuvieseis
ellos	fueran	fuesen	estuvieran	estuviesen

※ ir「行く」と ser「です」の点過去形には共通の形を用いる（→134ページ）ので，自動的に両者の接続法過去形も同形となる。

	haber（助動詞） 点過去 hubieron ⇨ hubiera hubiese	
yo	hubiera	hubiese
tú	hubieras	hubieses
él	hubiera	hubiese
nosotros	hubiéramos	hubiésemos
vosotros	hubierais	hubieseis
ellos	hubieran	hubiesen

※接続法過去の１人称複数形はかならず後ろから３番目の母音にアクセント記号をつける。

接続法過去形には -ra 形と -se 形という２種類の形があるが，用法の差はほとんどなく，ふつうの会話などでは -ra 形が多く用いられる。

用　法

主節の動詞が過去時制（可能法単純形を含む）であれば，従属節で用いられる接続法も過去時制になる（時制の一致）。接続法を用いる基準は前課で紹介したとおり。

現在時制

Yo espero que **te recuperes** pronto.
はやく君が回復するよう私は望んでいる。

過去時制

Yo esperaba que **te recuperaras** pronto.
はやく君が回復するよう私は望んでいた。

Le pedí al mozo que me **cobrara**.
私はウェイターに勘定を取るよう頼んだ。

Yo tenía que regresar a casa antes de que **empezaran** a cenar.
（みんなが）夕食を始める前に私は家に戻らなければならなかった。

Querría que me **ayudarais** un poco.
君たちにちょっと手伝ってほしいのだが。（主節は可能法単純形）

Buscábamos un sitio donde **pudiéramos** descansar tranquilamente.
私たちは静かに休憩できるような場所を探していました。

婉曲表現に用いる接続法過去

可能法単純形を用いた婉曲表現 (→ 151 ページ) と同じように，接続法過去形（-ra 形に限られる）もまた奥ゆかしい要求の表現などに用いられる。

Quisiera probarme estos trajes…
これらの背広を試着したいのですが…。

Quisiéramos que nos **visitara** Ud. con su familia.
ご家族とご一緒に私どもを訪ねていただきとう存じます。

接続法過去の婉曲表現は「できることなら…したいものです」という気持ちを表すんだよ。

非現実的な想定を表す

非現実的な想像や実現不可能な仮定を表現するとき，接続法過去が用いられる。

*単に「未定・不明」なことを表現する接続法現在との違いに注意。

El padre de mi novia se comporta como si **fuera** un dictador ante los suyos.
ぼくの恋人の父親は，身内の前ではまるで独裁者のようにふるまっている。

Si **lleváramos** paraguas, no nos mojaríamos.
もし傘を持ってきていれば，濡れることはないのだが。(現実には傘を持っていないので，濡れてしまっている)

※現在のことを言っていても，条件節で実現不可能な仮想を述べるときは接続法過去形を用いる。このとき，帰結節では可能法単純形を用いる。詳しくは次課「条件文のいろいろ」で後述。

接続法現在より，接続法過去で表す願望のほうがずっと切実なの！

非現実的な仮想のもとに強い願望を表現するときも接続法過去形を用いる。

¡Ojalá que **estuvieras** aquí!
君がここにいてくれたらいいのに！

接続法過去完了形　[haber 接続法過去形＋過去分詞（男性単数形）]

過去完了形で示す事柄を接続法を用いて表すときに用いる形。
(*haber の接続法過去形→ 163 ページ)

Yo esperaba que ya te **hubieras recuperado**.
すでに君が回復しているようにと私は望んでいた。

条件文において，条件節で過去の事実と反対の実現不可能な想定を述べるとき，接続法過去完了形を用いる。この場合，帰結節では可能法複合形（→ 151 ページ）が用いられる。

*次課「条件文のいろいろ」を参照。

Si **hubiéramos sabido** que iba a llover, habríamos llevado el paraguas.
もし雨になることを知っていたなら，傘を持って行っただろうに。
（現実には，雨になることを知らなかったので傘を持って行かなかった。つまり，今となっては実現不可能な仮想を述べている）

練習 28

次の各文の時制を，現在時制から過去時制に変えてみよう。

1. Quiero que seas un buen niño.
   お前は良い子であってほしい。⇨〜であってほしかった。

   ⇨ Quería que

2. Me alegro mucho de que vengas.
   君が来てくれてぼくはとてもうれしい。⇨〜とてもうれしかった。

   ⇨ Me alegré mucho

3. Debes comprar los libros que quieras leer.
   君は読みたい本を買うべきだ。⇨〜買うべきだった。

   ⇨ Debías comprar .

4. No creo que Alberto sepa la verdad.
   アルベルトが真相を知っているとは思わない。⇨〜とは思わなかった。

   ⇨ No creía

5. Estoy buscando a alguien que conozca bien la historia de la arquitectura.
   私は建築史に詳しい人を捜しています。⇨〜捜していました。

   ⇨ Estaba buscando

6. Lo voy a buscar a la estación cuando llegue Ud.
   あなたが到着したら私は駅まで迎えに行きます。⇨〜迎えに行くつもりでした。

   ⇨ Lo iba a buscar

7. Es necesario ensanchar la calle San Juan para que puedan pasar los autobuses.
   バスが通れるようにサンフアン通りを拡張する必要がある。⇨〜必要がありました。

   ⇨ Era necesario ensanchar

第35課 こんな条件・あんな条件

条件文のいろいろ

siを用いた条件文には次の３種類がある。

1. 条件節で，現在のところ不明・未定ではあるが実現の可能性のある条件を述べるもの。
2. 条件節で，現在の事実と反対の，実現の可能性のない条件を述べるもの。
3. 条件節で，過去の事実と反対の，実現の可能性のない条件を述べるもの。

条件文1 実現の可能性のある条件文

【条件節：si＋直説法現在形】＋【帰結節：現在形，未来形，命令法】

Si **tengo** dinero, lo **compro**. もしお金を持っていれば，それを買う。
Si **tengo** dinero, lo **compraré**. もしお金を持っていれば，それを買おう。
Si **tienes** dinero, **cómpralo**. もし君がお金を持っているなら，それを買いなさい。

条件文2 現在の事実と反対の，実現の可能性のない条件文

【条件節：si＋接続法過去形】＋【帰結節：可能法単純形】

Si yo **tuviera** dinero, lo **compraría**.
もしお金を持っていれば，それを買うのになあ。

条件文3 過去の事実と反対の，実現の可能性のない条件文

【条件節：si＋接続法過去完了形】＋【帰結節：可能法複合形】

Si yo **hubiera tenido** dinero, lo **habría comprado**.
もしお金を持っていたならば，それを買ったのになあ。

条件文で注意すべきこと

・実現の可能性があれば，直説法現在を使う。
・実現の可能性のない条件では，現在の事柄を述べるときには接続法過去形，過去の事柄を述べるときには接続法過去完了形を用いる。
・条件節が［si＋接続法現在］という形になることは，絶対にない。

練習 29

（　）の中に適切な形の動詞を入れ，文を完成させよう。

1. あした天気が良ければ，遠足に行こう。（[天候が] ～である hacer）

 ⇨ Si (　　　　　) buen tiempo mañana, vamos a hacer una excursión.

2. 君がここにいれば，面白いものを見せてあげるのに。
（いる estar, 見せる mostrar）

 ⇨ Si (　　　　　) aquí, te (　　　　　) una cosa interesante.

3. 君たちの中に車を持っている人がいたら，手を挙げなさい。
（持つ tener, いる haber）

 ⇨ Si entre vosotros (　　　　　) alguien que (　　　　　) coche, que levante la mano.

4. ぼくが真相を知っていれば，こんなことは言わないよ。
（知る saber）

 ⇨ Si yo (　　　　　) la verdad, no (　　　　　) tal cosa.

5. ぼくが真相を知っていたなら，こんなことは言わなかっただろうに。

 ⇨ Si yo (　　　　　) la verdad, no (　　　　　) tal cosa.

6. きょう天気が良ければ，ぼくたちは海へ行くんだがなあ。

 ⇨ Si (　　　　　) buen tiempo hoy, (　　　　　) a la playa.

7. きのう天気が良かったら，ぼくたちは海へ行ったんだがなあ。

 ⇨ Si (　　　　　) buen tiempo ayer, (　　　　　) a la playa.

練習問題解答

▶ 練習問題 1 ◀

1.	un, el	鳥	7.	una, la	オレンジ
2.	unos, los	本	8.	unas, las	メス牛
3.	unas, las	手	9.	una, la	都市
4.	un, el	兄弟	10.	unos, los	自動車
5.	unos, los	男の友人	11.	unos, los	問題
6.	una, la	テープ	12.	una, la	女の友人

▶ 練習問題 2 ◀

1 1. eres 2. somos 3. son 4. soy 5. son 6. sois 7. es 8.es

2 1. está 2. estoy 3. estáis 4. está 5. está 6. estamos

▶ 練習問題 3 ◀

bonitas, altos, amables, gran, buen, bonitos, barata, caras, contentas, cansados

▶ 練習問題 4 ◀

1. enseña 2. compramos 3. trabajas 4. escuchan 5. llego 6. buscáis

▶ 練習問題 5 ◀

1. aprende 2. comemos 3. bebes 4. escriben 5. abro 6. vivís

▶ 練習問題 6 ◀

1 1. mi 2. sus 3. Nuestra 4. Tus 5. sus

2 1. mío 2. tuya 3. tuyos 4. nuestro 5. suya

▶ 練習問題 7 ◀

1 esta, esos, aquel, estas, ese, aquellos

2 Ésas, Ésta, Aquél, Éstos, Aquéllas, Ése

▶ 練習問題 8 ◀

1 lo, la, las, los

2 Vosotros me lo regaláis. / Ellos nos las escriben. / Mi abuelo me las enseña. / Yo se las pregunto.

▶ 練習問題 9 ◀

1 llegado, llegados, llegada, llegadas / querido, queridos, querida, queridas / subido, subidos, subida, subidas

2 abiertas, rotas, perdido, cerradas, conocida

3 La profesora es respetada por todos los estudiantes. / Este accidente es conocido por todos los de la ciudad.

▶ 練習問題 10 ◀

1 Hemos tomado (comido / terminado) el almuerzo.（hemos tomado / comido は「今日は昼食を食べた（昼食抜きではない）」, hemos terminado は「（今は食事中ではなく）食べ終わった」）／ ¿Habéis visitado Corea? / Pablo no ha visto el mar. / Susana ha estudiado japonés un año.

2 hay / está / hay / hay

▶ 練習問題 11 ◀

1 Él tiene dos casas. / ¿Tienes hambre? / Ellos tienen frío. / No tengo hermanos.

2 Hay que leer muchos libros para enriquecer la vida.（Hay que leer mucho para enriquecer la vida. も可）/ Uds. no tienen que trabajar hoy. / Tenéis que ir a pie. / Aquí no hay que mostrar el pasaporte. / El presidente tiene que estar en la oficina.

▶ 練習問題 12 ◀

口頭練習してください

▶ 練習問題 13 ◀

1 Queremos escuchar la radio. / ¿Qué quieres comer? / Quiero comer (una) paella. / No pueden entrar en este edificio.

2 Quiero comprártela. / ¿No quieres contármela?

▶ 練習問題 14 ◀

1 va, Voy「どちらへいらっしゃいますか」「マジョール広場へ行きます」／vais, vamos「君たちはどこへ行くの？」「ぼくたちは大学へ行く」／va, va「研究（勉強）のほうはいかがですか？」「すべて順調です」vas (va), voy「今日の午後は何をしますか？」「私は読書をするつもりです」／Vamos「さあ，一休みしよう（休憩をとりましょう）」

2 cantando「子供たちは歌っているところです」／corriendo「泥棒は走って逃げる」

▶ 練習問題 15◀

1 conocemos / sé / conoce / sabemos

2 salgo / trae / parece / hace

▶ 練習問題 16◀

1 1. Va a nevar. 2. En esta época amanece hacia las cinco. 3. Es fácil engañar a un tonto. 4. Me han dicho que en España en verano hace mucho calor.

2 1. Son las diez menos cuarto. (las nueve y cuarenta y cinco も可) 2. Es la una y veinte. 3. Son las seis menos diez. (las cinco y cincuenta も可)
1. 9時45分　2. 1時20分　3. 5時50分

▶ 練習問題 17◀

1 1. le gustan 2. me gustan 3. le gusta / Me gusta 4. Os gusta / nos gusta

2 Me molesta mucho el ruido que hacen los automóviles. / Nos encanta la comida española.

▶ 練習問題 18◀

1 os afeitáis「君たちはひげを剃る」／se bañan「あなたがたは毎日入浴する」／te casas「君は君の恋人と結婚する」／nos acostamos「私たちは11時に横になる（＝寝る）」

2 Se ve la luna por la ventana. / En Cataluña se habla catalán.（En Cataluña hablan catalán. ~ も可）/ Me voy a poner bufanda y guantes, porque hoy hace frío.（Voy a ponerme ~ も可）

▶ 練習問題 19◀

1 1. (más) (altas) (que) 2. (tanto), (como) 3. (más) (de) (ochenta)

2 1. China es más grande que Corea. 2. No, en Tokio hace más calor que en Sapporo.（No, en Sapporo hace menos calor gue en Tokio ~ も可） 3. El lago Biwa es el más grande.
1. 韓国と中国とではどちらが大きいですか？――中国の方が大きいです。
2. 札幌は東京よりも暑いですか？――いいえ，東京は札幌よりも暑いです。
3. 日本でもっとも大きい湖は何ですか？――琵琶湖がもっとも大きい（湖）です。

▶ 練習問題 20◀

1 estudiar: estudié, estudiaste, estudió, estudiamos, estudiasteis, estudiaron
comprar: compré, compraste, compró, compramos, comprasteis, compraron
aprender: aprendí, aprendiste, aprendió, aprendimos, aprendisteis, aprendieron
romper: rompí, rompiste, rompió, rompimos, rompisteis, rompieron

escribir: escribí, escribiste, escribió, escribimos, escribisteis, escribieron
partir: partí, partiste, partió, partimos, partisteis, partieron

2 realizar: reali***cé***, realizaste, realizó, realizamos, realizasteis, realizaron
pagar: pa***gué***, pagaste, pagó, pagamos, pagasteis, pagaron
creer: creí, creíste, cre***y***ó, creímos, creísteis, cre***y***eron
poseer: poseí, poseíste, pose***y***ó, poseímos, poseísteis, pose***y***eron
sentir: sentí, sentiste, s***i***ntió, sentimos, sentisteis, s***i***ntieron
morir: morí, moriste, m***u***rió, morimos, moristeis, m***u***rieron

▶ 練習問題21◀

1 1. Ayer mi padre estuvo en la oficina. 昨日，私の父は事務所にいました。
2. La película empezó a las seis y media. 映画は6時半に始まった。
3. Carmen y Francisco fueron novios. カルメンとフランシスコは恋人だった。

2 1. Lo tuve la semana pasada. （訳：「いつ試験があったの？」「先週ありました」）
2. Vinimos a mediodía. （訳：「あなた方は何時に来ましたか？」「正午に来ました」）
3. No, no lo vi. （訳：「昨日，私の夫に会った？」「いいえ，会わなかった」）

▶ 練習問題22◀

1 estudiar: estudiaba, estudiabas, estudiaba, estudiábamos, estudiabais, estudiaban
aprender: aprendía, aprendías, aprendía, aprendíamos, aprendíais, aprendían
decir: decía, decías, decía, decíamos, decíais, decían

2 1. Cuando era estudiante, me levantaba a las seis todos los días. 私は学生の頃，毎日6時に起きていた。 2. Cuando era niño, mis abuelos estaban vivos. 私が子供の頃は祖父母は健在だった。 3. El avión volaba sobre el mar y los pasajeros tomaban la cena. 飛行機は海上を飛行中で，乗客たちは夕食を取っていた。

▶ 練習問題23◀

1. (habíamos) (terminado)
2. (muestra), (ha) (comprado)
3. (mostró), (había) (comprado)
4. (me) (levanté), (habían) (salido)
5. (había) (regresado), (entré)

▶ 練習問題 24 ◀

1 abrir: abriré, abrirás, abrirá, abriremos, abriréis, abrirán
poder: podré, podrás, podrá, podremos, podréis, podrán
salir: saldré, saldrás, saldrá, saldremos, saldréis, saldrán
hacer: haré, harás, hará, haremos, haréis, harán

1 1. Mañana me levantaré a las seis. 私は明朝6時に起きる（だろう）。
2. Esta tarde estaré en el despacho. 今日の午後，私は事務室にいる（だろう）。
3. El avión saldrá a la hora justa. 飛行機は定刻に出発するだろう。

▶ 練習問題 25 ◀

1 querer: querría, querrías, querría, querríamos, querríais, querrían
tener: tendría, tendrías, tendría, tendríamos, tendríais, tendrían
venir: vendría, vendrías, vendría, vendríamos, vendríais, vendrían
hacer: haría, harías, haría, haríamos, haríais, harían

2 1. Podría 2. Sería 3. haría 4. Podría 5. Tendría

▶ 練習問題 26 ◀

1. Entra 2. Espera 3. Sé 4. Dile 5. Seguid 6. Llevaos 7. Lavaos 8. Lávate

▶ 練習問題 27 ◀

1. traiga 2. vengas 3. quieras 4. sepa 5. conozca 6. llegue 7. haga
8. puedan

▶ 練習問題 28 ◀

1. Quería que fueras un buen niño.
2. Me alegré mucho de que vinieras.
3. Debías comprar los libros que quisieras leer.
4. No creía que Alberto supiera la verdad.
5. Estaba buscando a alguien que conociera bien la historia de la arquitectura.
6. Lo iba a buscar a la estación cuando llegara Ud.
7. Era necesario ensanchar la calle San Juan para que pudieran pasar los autobuses.

▶ 練習問題 29 ◀

1. hace 2. estuvieras, mostraría 3. hay, tenga 4. supiera, diría 5. hubiera sabido, habría dicho 6. hiciera, iríamos 7. hubiera hecho, habríamos ido

文法項目索引